W0212302

Marianne Kaltenbach

Meine liebsten Suppen

Hallwag Verlag Bern und Stuttgart

Lektorat: Urs Aregger
Umschlag und Gestaltung:
Franziska Muster, Robert Buchmüller
Gesamtherstellung: Hallwag AG, Bern

© 1987 Hallwag AG, Bern
ISBN 3 444 10339 5

Hallwag

Inhalt

Fischsuppen (Süßwasser)

Fischsuppen (Salzwasser)

Wichtige Zutaten und Anweisungen

Vorwort

Den Suppen wurde lange Zeit nicht viel Gutes nachgesagt. Im Mittelalter dienten sie den Bauern und den armen Leuten als Grundnahrung, und sie enthielten alles, was überhaupt zur Verfügung stand. Um sie besonders nahrhaft zu machen, wurden die Suppen damals über Brot angerichtet.

In späteren Jahrhunderten erlangten die Suppen dennoch den Zugang zum Salon, besonders in Frankreich. Die Zubereitung wurde verfeinert, und an vornehmen Tafeln galten sie unter der Bezeichnung *potages* als obligate Ouvertüre eines gepflegten Mahles. Zu Lebzeiten des berühmten Gastrosophen Grimod de la Reynière wurde vor allem die Bouillon gepriesen, die — wie dieser meinte — nirgendwo auf der Welt so gut zubereitet werde wie in Frankreich. Sie sei besonders gesund, entspreche allen Gaumen, stille sofort den größten Hunger und beruhige die Ungeduldigen am Tisch . . .

Heutzutage gilt die Suppe bei vielen als Dickmacher — ganz zu Unrecht. So haben Feinschmecker schon lange den speziellen Charme eines feinen Süppchens wiederentdeckt. Allerdings muß es so gut gekocht sein, daß es seinen Platz neben einem delikaten Menü behaupten kann. Wer könnte schon einem kleinen, hübschen Täßchen mit herrlich duftendem Inhalt widerstehen, sei es nun ein samtenes Gemüsesüppchen, ein Fischsüppchen mit Teighaube oder eine Consommé mit kleinen Klößchen. Einem kreativen Koch mögen unzählige Variationen einfallen, aber sie alle werden etwas Besonderes an sich haben, wenn sie mit Liebe zubereitet werden, und Gaumen und Magen stellen sich auf weitere Köstlichkeiten ein.

In diesem Sinne wurden die Suppenrezepte dieser Ausgabe aus meinen bisherigen Büchern zusammengestellt. Sie bieten Ihnen eine Vielfalt von Möglichkeiten, Ihre Mahlzeiten mit einem köstlichen Süppchen einzuleiten. Viel Erfolg bei der Zubereitung und guten Appetit wünscht Ihnen

Marianne Kaltenbach

Typische Schweizer Suppen (regionale Spezialitäten)

ACS 4 Tripparolo.

Basler Mehlsuppe

Familienrezept

In 2 Eßlöffeln eingesottener Butter 2 Eßlöffel Mehl unter stetem Rühren gleichmäßig hellbraun rösten. Nochmals 2 Eßlöffel Mehl dazugeben, kurz umrühren, Pfanne vom Feuer nehmen und Wasser dazugeben, dabei mit Schwingbesen rühren. Aufkochen, dann ungedeckt auf kleinstem Feuer während 40 Minuten leise kochen. Die Suppe soll sämig werden. Würzen. Zwiebel in Ringe schneiden und in der restlichen Butter hellbraun rösten. In Teller anrichten und in jeden Teller einen Eßlöffel flüssigen Rahm geben, der sich wie eine Spirale an der Oberfläche ausbreitet. Geröstete Brotwürfel und Zwiebel darübergeben und zum Schluß gehackte Petersilie und Schnittlauch darüberstreuen.
Man kann natürlich diese Mehlsuppe auch vereinfacht zubereiten, indem man Brotwürfel, Petersilie und Schnittlauch wegläßt.

Für 4 Personen

4 Eßl. eingesottene Butter
4 Eßl. Mehl
1 ½ l Wasser oder Bouillon
Salz, Pfeffer, Muskatnuß, Majoran
1 Zwiebel
4 Eßl. Rahm
4 Eßl. Weißbrotwürfel, in Butter geröstet
1 Eßl. Petersilie, gehackt
1 Eßl. Schnittlauch, gehackt

Berner Erbsensuppe

Für 5 bis 6 Personen

500 g gelbe Erbsen
2 l Wasser
100 g Speckwürfel
1 große Zwiebel
1 Lauchstengel
1 Rüebli (Karotte)
1 kleine, geschälte Sellerieknolle oder Selleriekraut
1 Scheibe Brot je Person
3 Eßl. Butter

Die Erbsen etwa 12 Stunden in 2 l Wasser einweichen. Die Speckwürfel in der Pfanne auslassen, das Gemüse waschen, grob schneiden und kurz mitdünsten. Die Erbsen samt dem Wasser beigeben und 1½ bis 2 Stunden köcheln lassen. Vor dem Anrichten mit Salz und Pfeffer würzen.
Brot in kleine Würfel schneiden, in Butter goldgelb rösten und getrennt zur Suppe servieren.

Bündner Chässuppe

Käsesuppe nach Bündnerart

Je Portion

100 g Brot oder
1½ Wasserbrötchen
30 g Speckwürfel
30 g Kochbutter
80 g geriebener Bergkäse
1½ dl Bouillon
Einige Tropfen Zitronensaft
Butterflocken

Brötchen fein scheibeln, mit den Speckwürfeln in der heißen Butter goldgelb rösten. Abwechslungsweise mit 50 g Bergkäse und Speckwürfeln in ein feuerfestes Geschirr schichten. Die kochende Bouillon mit Zitronensaft abschmecken, darübergießen. Den restlichen Käse und die Butterflocken darauf verteilen und im heißen Ofen bei 230 °C überbacken, bis der Käse goldgelb wird.
Nach anderen Rezepten aus diesem Kanton wird die Suppe zuerst zugedeckt im Ofen gekocht. 10 Minuten vor Ende der Kochzeit kommt je Person ein verklopftes Ei über das Ganze und zuletzt beim Anrichten eine zünftige Zwiebelschwitze. Währschaft und gut!

Im Spätherbst, wenn die großen Kürbisse mit dem gelben Fleisch auf dem Markt erscheinen, kann man diese herrliche Suppe zubereiten.

Bülbora

Kürbissuppe

Für 6 Personen

1 kg gelber Kürbis
5 dl Fleischbrühe
1 Zwiebel, gehackt
4 Eßl. Butter
2 1/2 dl Milch
4 Scheiben Weißbrot
Salz, Pfeffer
3 Eßl. Rahm

Das Kürbisfleisch schälen, in Würfel schneiden und in der Fleischbrühe weich kochen. Durch die Passiermaschine treiben. Die Zwiebel in 2 Eßlöffel Butter anziehen lassen. Das Kürbispüree mit der Fleischbrühe zugeben. 15 Minuten kochen, dann die Milch beifügen. 15 Minuten weiterkochen. Unterdessen das Brot klein würfeln und in der restlichen Butter goldgelb rösten. Die Suppe gut mit Salz und Pfeffer abschmecken und mit dem Rahm verfeinern. Mit den gerösteten Brotwürfeln servieren.

Tip: Nach Belieben geriebenen Käse dazureichen.

Variante: Eine halbe Tasse Reis mitkochen.

Ein Rezept für die beliebte Busecca, die in vielen Varianten zubereitet wird — einmal mit Kutteln, ein andermal mit Gekröse. Beides ist gut.

Busecca

Kuttelsuppe

Für 6 Personen

800 g Kutteln oder Kalbsgekröse
2 Zwiebeln, gehackt
2 Eßl. Butter
1 Teel. Mehl
1 Kalbsfuß, halbiert
2 l Fleischbrühe
2 Tomaten, geschält
100 g Speckwürfelchen
Salz, Pfeffer
½ Wirsing
1 Stück Sellerie
1 Lauchstengel
2 Karotten
1 Tasse weiße Bohnen (vorgekocht oder aus der Dose)
100 g Sbrinz, gerieben

Die Kutteln in feine Streifen schneiden. Die Zwiebeln in der Butter anziehen lassen und — wenn sie Farbe anzunehmen beginnen — mit dem Mehl bestäuben. Die Kuttelstreifen und den Kalbsfuß beifügen, gut mischen und mit der Fleischbrühe ablöschen. Die Tomaten vierteln und mit den Speckwürfelchen zugeben. Mit Salz und Pfeffer würzen. 2 Stunden kochen lassen. Unterdessen die Gemüse säubern und kleinschneiden. Zur Suppe geben. Die vorgekochten weißen Bohnen beifügen. Weiterkochen, bis die Kutteln und die Gemüse gar sind. Den geriebenen Käse separat dazu servieren.

Tip: Dieses Gericht schmeckt gut mit frischem, knusprigem Brot.

Varianten:

- Je nach Saison andere Gemüse verwenden.
- Anstelle von Bohnen kleine, muschelförmige Teigwaren zugeben.

Im Winter ist diese nahrhafte Suppe als Hauptmahlzeit willkommen, wenn «Gnagi», «Schnörrli», «Schwänzli» oder Schweinsfüße mitgekocht werden.

Gelbe Erbsensuppe

Für 4 Personen

150 g gelbe Erbsen
1 Karotte
1 Lauchstengel
1 kleines Stück Sellerie
1 Zwiebel
1 Eßl. Butter
1 Speckschwarte
1 Zweiglein Bohnenkraut, eventuell getrocknet
Salz, Peffer, Muskatnuß

Die Erbsen am Vorabend in kaltes Wasser legen. Die Gemüse säubern. Karotte und Lauch in Rädchen, Sellerie in kleine Würfel schneiden. Die Zwiebel hacken und in der Butter anziehen lassen. Die Speckschwarte, das Bohnenkraut und die Gemüse zufügen, kurz mitdünsten, dann mit 2 l Wasser ablöschen. Würzen und 2 Stunden zugedeckt bei kleiner Hitze kochen.

Varianten:

- In Butter geröstete Brotwürfelchen dazu servieren.
- Über gebratene Speckwürfelchen anrichten.
- Linsensuppe auf dieselbe Art zubereiten.
- Wie oben beschrieben, «Gnagi» oder anderes Schweinefleisch aus dem Salz mitkochen.

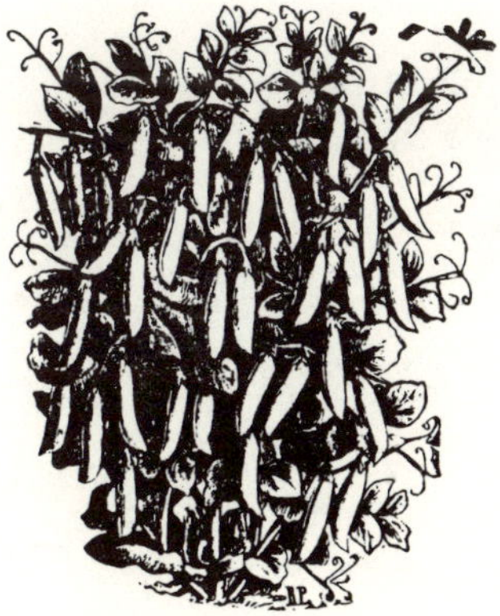

Aus diesem Grundnahrungsmittel bereiten die Seeländer auch eine köstliche Suppe, in die sie vor dem Anrichten noch einen Schuß Essig gießen. Diese pikante Würze macht die Kartoffelsuppe zu etwas Besonderem.

Härdöpfelsuppe mit Majoran

Kartoffelsuppe mit Majoran

Für 4 bis 6 Personen

1 große Zwiebel
1 Lauchstengel
1 Eßl. Butter
4 große Kartoffeln
1 Zweiglein Selleriekraut
1 ½ l Bouillon
3 bis 4 Eßl. Milch oder Rahm
1 Teel. Mehl
2 Eßl. Majoran, frisch gehackt
Salz, Pfeffer, Muskatnuß
1 Schuß Essig

Die Zwiebel hacken und den geputzten Lauch in sehr feine Rädchen schneiden. Beides in der Butter anziehen lassen. Die Kartoffeln schälen, waschen und würfeln. Zusammen mit dem Selleriekraut zum Lauch geben und mit Bouillon ablöschen. 35 bis 40 Minuten kochen, bis die Kartoffeln weich sind. Durch die Passiermaschine treiben und in den Topf zurückgeben. Milch oder Rahm mit dem Mehl gut verrühren. Mit der Hälfte des Majorans zur Suppe geben. Umrühren, bis die Suppe leicht gebunden ist. Mit Salz, Pfeffer, Muskatnuß und Essig abschmecken. Anrichten und mit dem restlichen Majoran bestreuen.

Varianten:

- Diese Suppe wird zu einem vollwertigen Abendessen, wenn man geröstete Brotwürfelchen dazureicht.
- Speckschwarte und 1 bis 2 Karotten mitkochen.

Kartoffelsuppe nach Emmentalerart

Zwiebel hacken, in Butter hellgelb dünsten. Kartoffeln schälen und würfeln. Lauch und Rüebli schälen und kleinschneiden. Mit den Kartoffeln zugeben, 1 bis 2 Minuten mitdünsten. Mit Bouillon auffüllen und 30 Minuten kochen. Durch das Passevite treiben. Mehl und Rahm gut verklopfen. Zusammen mit Majoran und Petersilie zugeben. 10 Minuten unter gelegentlichem Rühren auf kleinem Feuer kochen. Mit Salz, Pfeffer und Muskatnuß würzen. Vor dem Anrichten einen kleinen Schuß Essig beifügen. Dazu nach Belieben geröstete Brotwürfelchen servieren oder fein gescheibelten Emmentaler Käse in die Suppenteller legen und die heiße Suppe darübergießen.

Für 6 Personen

1 kg Kartoffeln
1 Zwiebel
2 Eßl. eingesottene Butter
2 Lauchstengel
2 Rüebli (Karotten)
1 ½ l Bouillon
1 Teel. Mehl
3 bis 4 Eßl. Haushaltrahm
1 Eßl. frisch gehackter Majoran
2 Eßl. gehackte Petersilie
Salz, Pfeffer, Muskatnuß
1 Schuß Essig

Es gibt viele Suppen, die aus einzelnen Gemüsen gekocht — z. B. Spinat-, Karotten-, Kohlrabi- oder Blumenkohlsuppen — und meist mit etwas Milch verfeinert werden.

Landfrauensuppe

Für 4 bis 6 Personen

50 g magerer Speck
1 Zwiebel
1 kg Gemüse
(z. B. Wirz, Kohl oder Blumenkohlröschen, Karotten oder gelbe Rüben, Kohlrabi oder orangefarbene Rüben, Bohnen oder Erbsen, Spinat, Tomaten usw.)
1 durchgepreßte Knoblauchzehe
1 Eßl. Butter
1 ½ l Bouillon
2 Kartoffeln
1 bis 2 Eßl. Weißwein
Salz, Muskatnuß
1 Eßl. gehackte Kräuter (z. B. Majoran, Thymian, Petersilie)

Den Speck in feine Streifen schneiden. Die Zwiebel und das Gemüse in Ringe, Streifen oder Würfelchen schneiden. Alles mit Speck und Knoblauch in der Butter kurz dünsten. Die Bouillon und nach ein paar Minuten die kleingewürfelten Kartoffeln zugeben und 15 bis 20 Minuten kochen. 5 Minuten vor Ende der Kochzeit den Wein zufügen. Das Gemüse soll weich werden, aber nicht verkochen. Mit Salz und Muskatnuß abschmecken. Nach Belieben gehackte Kräuter zufügen.

Variante: Die Gemüsesuppe wie oben beschrieben kochen, dann durch die Passiermaschine treiben. Nach Belieben mit etwas Rahm binden. Den Knoblauch in diesem Fall weglassen.

Dies ist mehr ein Gericht als eine Suppe und stillt den stärksten Hunger.

Luzerner Käsesuppe

Für 4 Personen

300 g altbackenes Brot (sollte 3 Tage alt sein)

450 g Käse (z. B. 300 g Greyerzer, 100 g Sbrinz, 50 g Emmentaler)
Salz, Pfeffer, Muskatnuß
1 l Milch
2 große Zwiebeln
4 Eßl. eingesottene Butter

Das Brot und den Käse in feine Scheibchen schneiden und diese lagenweise in eine Schüssel füllen. Mit Salz, Pfeffer und Muskatnuß würzen. Die Milch aufkochen und darübergießen. Zudecken und über Nacht stehen lassen. Kurz vor dem Essen zweimal rasch aufkochen und dabei nicht zu stark rühren. Brot und Käse dürfen nicht zu einem Brei zerfallen!
Zwiebeln in Ringe schneiden, in Butter goldgelb backen. Die Suppe anrichten und die Zwiebelschwitze darüber verteilen. Dazu werden Apfelstückchen serviert.
Mit Weißbrot wird die Suppe feiner, aber mit Schwarzbrot bedeutend «chüschtiger».

Märchler Käsesuppe

Altes Rezept

Für 4 Personen

300 g altbackenes Brot
1 l heißes Wasser oder Bouillon
2 Zwiebeln
4 Eßl. Butter
200 g Käse, gerieben

Das Brot in Würfel schneiden und in heißem Wasser oder Bouillon eine Stunde einweichen. Gut abtropfen lassen, Brühe aufbewahren. Die Zwiebel fein hacken und in Butter 2 bis 3 Minuten dünsten. Das Brot beigeben und unter Rühren kurze Zeit leicht anrösten. Mit dem Kartoffelstößel zerstampfen. Etwas Brotbrühe dazugeben. Den Käse unter das Brot mischen. Aufkochen, bis der Käse schmilzt. Die Käsesuppe darf dick, aber nicht trocken sein.
Die Zwiebel in Ringe schneiden und in Butter hellbraun braten. Die Zwiebelschwitze über die Käsesuppe geben.

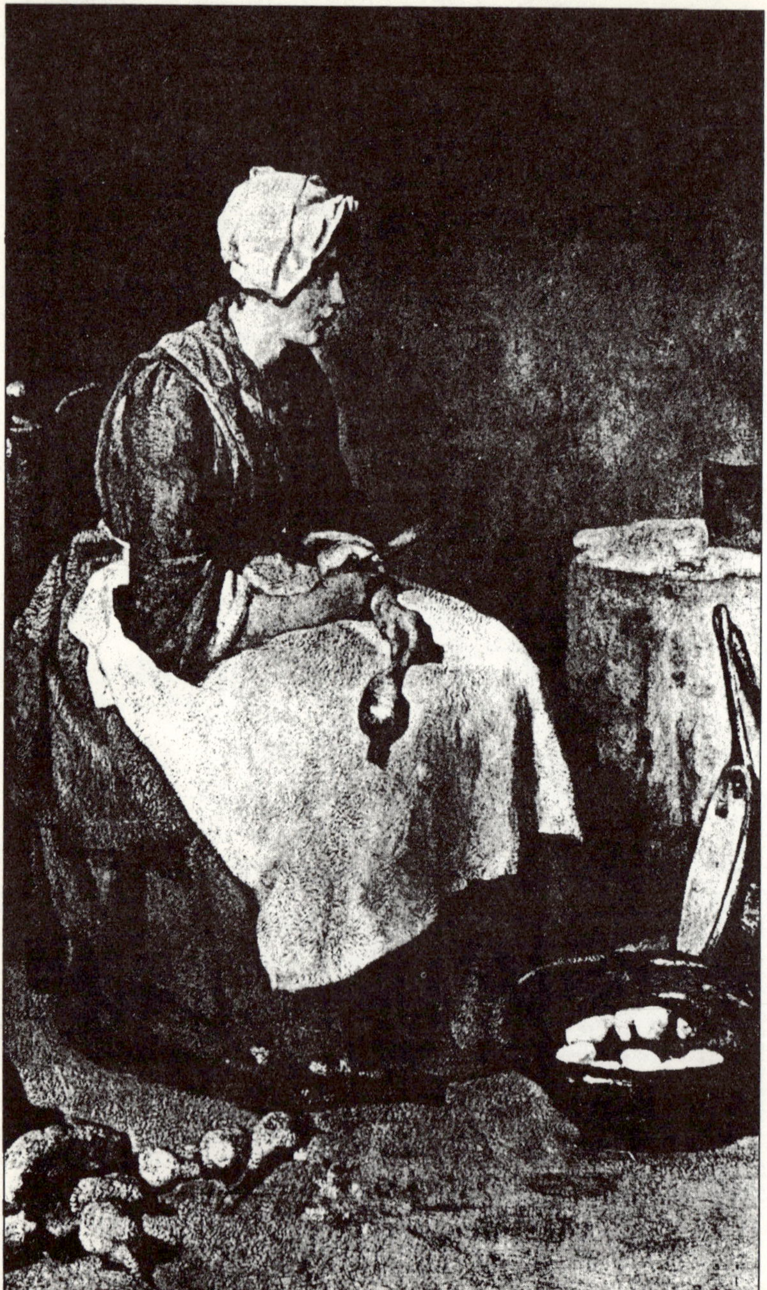

Minestra Calanchina

Gemüsesuppe aus dem Calancatal

Die Bouillon aufkochen und die Butter beifügen. Die zerkleinerten Gemüse und den Reis hineingeben und weichkochen. Vor dem Servieren die Milch dazugießen und nochmals kurz aufkochen. Würzen.
Mit Ziegenkäse und dunklem Brot zu Tisch bringen. Nach Belieben kann die Minestra noch mit kalter Milch verdünnt werden.

Für 4 Personen

1 l Fleischbouillon
1 Teel. Butter
3 bis 4 Kartoffeln, gewürfelt
1 Lauchstengel, fein geschnitten
2 Krautstiele, fein geschnitten
200 g Reis
½ l Milch
Salz, Pfeffer

Reis und Kartoffeln — eine Verbindung, die uns etwas fremd erscheint, dieser einfachen Suppe aber das gewisse Etwas gibt

Minestra di riso e patate

Reissuppe mit Kartoffeln

Die Kartoffeln schälen und in kleine Würfel schneiden. In der Fleischbrühe zum Kochen bringen. Wenn der Siedepunkt erreicht ist, den Reis, die Butter sowie den feingehackten Knoblauch und die gehackte Petersilie beifügen. 20 Minuten kochen lassen. Mit Salz und Pfeffer abschmecken und mit geriebenem Käse servieren.

Varianten:
- 1 bis 2 in Rädchen geschnittene Karotten und einen kleingeschnittenen Lauchstengel mitkochen.
- Reis durch Teigwaren ersetzen.
- Pancetta und weiße Bohnen mitkochen.

Für 6 Personen

500 g Kartoffeln
1 l Fleischbrühe
60 g Reis
30 g Butter
2 Knoblauchzehen, fein gehackt
2 Eßl. Petersilie, gehackt
Salz, Pfeffer
100 g Sbrinz, gerieben

Diese gehaltvolle Suppe ergibt zusammen mit frischem, knusprigem Brot eine nahrhafte Mahlzeit.

Minestrone

Gemüsesuppe

Für 8 Personen

100 g weiße Bohnen
2 Karotten
1 großes Stück Sellerie
4 kleine Tomaten
1 Lauchstengel
2 Zwiebeln, gehackt
100 g Speckwürfelchen
2 Eßl. Butter
4 Knoblauchzehen, gehackt
Majoran, Rosmarin, Basilikum
2 bis 2 ½ l Fleischbrühe
Salz, Pfeffer
100 g Teigwaren oder Reis
Geriebener Sbrinz

Die weißen Bohnen am Vorabend in kaltes Wasser einlegen. Karotten, Sellerie und Tomaten schälen und in kleine Würfel schneiden. Den Lauch in Rädchen schneiden. Die Zwiebeln mit den Speckwürfelchen in der Butter anziehen lassen. Das kleingeschnittene Gemüse zugeben und 2 bis 3 Minuten mitdünsten. Bohnen abgießen und mit feingehacktem Knoblauch, Kräutern und Fleischbrühe zugeben. Zugedeckt 1 bis 1½ Stunden leise kochen lassen. 20 Minuten vor Ende der Kochzeit die Suppe mit Salz und Pfeffer abschmekken und die Teigwaren oder den Reis zufügen. In eine Suppenschüssel geben und mit geriebenem Sbrinz servieren.

Tips:

- Man kann Rindfleisch mitkochen und die Suppe als Eintopfgericht servieren. In diesem Fall noch Suppenknochen beifügen und anstelle von Fleischbrühe nur Wasser verwenden.
- Auch lohnt es sich, für 4 Personen die gleiche Menge zuzubereiten und die Hälfte davon einzufrieren.

Varianten:

- Anstelle von Speckwürfelchen nur Speckschwarte mitkochen und vor dem Servieren entfernen.
- Je nach Jahreszeit andere Gemüse, z. B. Kohl, Bohnen, Erbsen, Zucchini, verwenden.
- Einen Teil der Fleischbrühe durch Tomatensaft ersetzen.
- Anstelle von Teigwaren oder Reis kleine Kartoffelstücke beifügen.

Im Tessin versteht man es vorbildlich, mit altbackenem Brot umzugehen. Hier eine ausgezeichnete Brotsuppe, die mit etwas Rotwein verfeinert wird.

Pancotto

Tessiner Brotsuppe

Für 4 Personen

500 g Brot, vom Vortag
1 kleine Zwiebel
1 Eßl. Butter
1 l Fleischbrühe oder Wasser
Salz, Pfeffer
1 dl Rotwein
20 g frische Butter

Das Brot in Würfel schneiden. Die Zwiebel hacken und in der Butter anziehen lassen. Das Brot zufügen. Mit heißer Fleischbrühe oder Wasser begießen. 1½ Stunden kochen. Dann das Brot durch ein Sieb streichen und wieder in den Topf zurückgeben. Salz, Pfeffer und Rotwein zugeben. Unter Rühren nochmals einige Minuten kochen. Frische Butter beifügen, gut umrühren und anrichten.

Tip: Je nach Brotsorte kann die Suppe zu dick werden. In diesem Fall mit Fleischbrühe verdünnen.

Varianten:

- Geriebenen Käse dazureichen.
- Ein Eigelb verrühren, etwas Brühe dazugießen, gut mischen, in die Suppe geben und noch knapp bis vor den Siedepunkt bringen.

Aus früheren Zeiten stammt das Rezept für den «Mählrooscht» — eine sehr dicke Mehlsuppe, die heute noch bei älteren Leuten zusammen mit Konfitüre und gekochten Kartoffeln aufgetischt wird. Vielerorts ist der «Mählrooscht» aber heute zu einem normalen Suppengericht geworden. Hier eine etwas leichtere Variante.

Seeländer Mehlsuppe

Für 4 bis 6 Personen

60 g Mehl
1 1/2 bis 2 l Bouillon
Salz, Muskatnuß, Pfeffer
1 Eßl. Kümmel (nach Belieben)
1/2 dl Milch oder Rahm
20 g frische Butter
100 g geriebener Käse (Jura, Gruyère)

Das Mehl in einer trockenen Bratpfanne unter ständigem Rühren gleichmäßig braun rösten. Die Pfanne von der Herdplatte wegziehen und etwa eine Minute weiterrühren, damit sich das Mehl etwas abkühlt. Das Mehl in einen Topf geben und 1 1/2 l Bouillon dazugießen. Sobald alles glattgerührt ist, die Suppe wieder aufsetzen und mindestens eine Stunde kochen. Sollte die Suppe zu dick werden, etwas Bouillon nachgießen. Mit Salz, Pfeffer, Muskatnuß und nach Belieben Kümmel abschmecken.

Milch oder Rahm und Butter in die Suppenschüssel geben und die Suppe darüber anrichten. Die Suppe mit geriebenem Käse bestreuen.

La soupe au plat

Käsesuppe aus dem Val d'Illiez

Die Zwiebeln hacken und in Butter 4 bis 5 Minuten dünsten, ohne daß sie Farbe annehmen. Den Käse reiben. Brot in 1 cm dicke Scheiben schneiden, mit Zwiebeln und geriebenem Käse lagenweise in ein feuerfestes Geschirr geben. Mit Käse abschließen. Die Bouillon aufkochen, mit Muskatnuß abschmecken, darübergießen und mit einer Schaumkelle alles gut zusammendrücken, damit das Brot die Flüssigkeit aufsaugt. 30 Minuten bei 200 °C Oberhitze im Ofen überbacken.

Für 4 Personen

2 große Zwiebeln
3 Eßl. Butter
300 g Walliser Bergkäse (harte Sorte)
500 g altbackenes Brot
2 ½ dl Bouillon
Muskatnuß

Urner Käsesuppe

Das Brot in dünne Scheiben schneiden. In eine große Schüssel geben und mit heißer Bouillon begießen. Zwiebeln hacken, in Butter hellbraun braten. Das aufgeweichte Brot lagenweise mit Käse in eine Pfanne geben. Mit Salz, Pfeffer und Muskatnuß würzen und wenn nötig noch etwas Bouillon zufügen. Auf dem Herd 45 Minuten kochen. In Suppenteller anrichten und die Zwiebelschwitze darüber verteilen.

Für 4 Personen

300 g altbackenes Brot (eventuell Rinde von Brotschinken)
1 ½ l leichte Bouillon
2 große Zwiebeln
2 Eßl. eingesottene Butter
250 g Urner Bergkäse oder Sbrinz, gerieben
Salz, Pfeffer, Muskatnuß
Zwiebelschwitze (nach Belieben)

Dieses alte Suppenrezept aus dem Verzascatal kocht man am besten etwas leichter, als dies früher üblich war.

Todisch

Kartoffelsuppe aus dem Verzascatal

Für 4 Personen als Hauptgericht oder für 8 bis 10 Personen als Vorspeise

150 g Zwiebeln
2 Eßl. Butter
2 l Fleisch- oder Hühnerbrühe
300 g rohe Kartoffeln
Salz, Pfeffer aus der Mühle
1 Eßl. Kümmelsamen
100 g Formagella (oder anderer Bergkäse, der keine «Fäden» zieht)
200 g altbackenes Brot

Die Zwiebeln fein hacken und in einem Eßlöffel Butter hellgelb anziehen lassen. Mit der Fleischbrühe ablöschen. Die Kartoffeln schälen und in sehr kleine Würfel schneiden (oder mittelfein reiben). In die Fleischbrühe geben und das Ganze bei kleiner Hitze 30 Minuten köcheln lassen. Die Kartoffelwürfelchen müssen so weich gekocht sein, daß sie in der Flüssigkeit zerfallen. Mit Salz, Pfeffer aus der Mühle und Kümmelsamen abschmecken.
Den Käse in kleine Würfel schneiden und während der letzten 10 Minuten mitziehen lassen. Gelegentlich mit dem Schneebesen umrühren, damit er nicht am Topfboden klebt.
Das Brot ebenfalls in Würfel schneiden, in der restlichen Butter braun rösten und noch heiß über die angerichtete Suppe streuen. Sofort servieren.
Tip: Wer Kümmel nicht mag, kann statt dessen 100 g Speckwürfelchen mit den Zwiebeln anziehen lassen.

Schweizer Suppen aus der Vergangenheit

Eine dicke Bohnensuppe, die vor allem durch die Altdorfer Suppenanstalt bekannt geworden ist. Sie wird aber in verschiedenen Varianten auch von Hausfrauen zubereitet. Hier eines dieser Rezepte:

Beenälisuppe

Bohnensuppe

Die Bohnen am Vorabend in lauwarmem Wasser einweichen. Zwiebel hacken. Mit dem durchgepreßten Knoblauch in Butter 5 Minuten dünsten. Mehl beifügen und unter ständigem Rühren hellbraun rösten. Mit Wasser oder Bouillon ablöschen. Liebstöckel und Bohnenkraut zufügen. So lange rühren, bis keine Knöllchen mehr vorhanden sind. Bohnen abgießen, zufügen und eine Stunde kochen. Reis beifügen und wenn nötig noch mit Wasser etwas verdünnen. Mit Salz und Muskatnuß nachwürzen. 20 Minuten weiterkochen.

Für 6 Personen

120 g braune, gedörrte Bohnen
1 große Zwiebel
1 Knoblauchzehe
4 Eßl. Butter
6 Eßl. Mehl
1 ½ l Wasser oder Bouillon
1 Zweiglein Liebstöckelkraut
1 Teel. gehacktes Bohnenkraut
5 Eßl. Reis
Salz, Muskatnuß

In fast allen Gegenden der Schweiz erhielten Wöchnerinnen zur Stärkung eine Chindbettisuppe, die in der Westschweiz «Soupe des accouchées» genannt wurde. Immer ist eine kräftigende Bouillon die Basis dafür, und es gehören unbedingt Eier hinein.

Berner Chindbettisuppe

Wöchnerinnensuppe

Für etwa 1,2 l Suppe

1 Suppenhuhn
1 ½ l Wasser
1 Rüebli (Karotte)
1 Stück Sellerie
1 Zweig Petersilie
1 Lorbeerblatt
Salz, Muskatnuß
½ l Milch
4 tagesfrische Eier
3 Eßl. Rahm
1 Eßl. Schnittlauch, fein gehackt

Das Suppenhuhn mit Wasser, geschältem Rüebli, Sellerie, Petersilienzweig und Lorbeerblatt 2 bis 2½ Stunden kochen. Die Bouillon absieben und das Suppenhuhn für beliebige Weiterverwendung aufheben. Die Bouillon wieder in die Pfanne geben, bis auf ungefähr 7 dl Flüssigkeit einkochen, würzen. Die Milch in einer zweiten Pfanne zum Kochen bringen. Zur Bouillon geben. Eier mit Rahm in einer vorgewärmten Suppenschüssel gut verklopfen. Die heiße Suppe daraufgießen, dabei ständig mit dem Schwingbesen rühren. Schnittlauch zugeben und sofort servieren. Man kann die Suppe auch nochmals bis knapp vors Kochen bringen, muß aber aufpassen, daß sich die Eier nicht trennen.

Choschtsuppe

Die Hülsenfrüchte am Vorabend in lauwarmem, vorgekochtem Wasser einweichen. Zwiebel hacken, Lauch in feine Ringe schneiden. Beides mit dem Speck anziehen lassen. Hülsenfrüchte, Bohnenkraut und Bouillon zufügen und 1 ½ bis 2 Stunden kochen. Kartoffeln schälen, klein würfeln und beifügen. 45 Minuten weiterkochen. Mit Salz, Muskatnuß und wenig Pfeffer würzen. Man kann auch zuletzt Würste oder Wurstscheiben mitkochen.

Für 4 bis 6 Personen

100 g weiße Bohnen (oder Erbsen, eventuell auch Linsen)
2 l Fleischbouillon
1 kleine Zwiebel
1 Lauchstengel
50 g Magerspeck, gehackt
1 Eßl. Butter
2 Kartoffeln
Salz, Muskatnuß
Pfeffer, Bohnenkraut

Eine währschafte «Walliser Minestra», die auf vielerlei Arten zubereitet wird. Je nach Gegend und nach dem, was im «Chuchiganterli» (Küchenkasten) vorhanden ist, kommen nebst Gemüse, Kartoffeln, Reis und Teigwaren auch Trockenfleisch, Speck oder Kutteln mit hinein. Hier eine einfache Variante, die nach Belieben bereichert werden kann.

Chuchisuppa

Die Rindsknochen in 1 ½ l Wasser eine Stunde aussieden. Kartoffeln, Lauch, Rüebli, Zwiebel und Kabis fein schneiden. Speckwürfel in einer großen Pfanne im eigenen Fett glasig dünsten. Die Gemüse zugeben, leicht anziehen lassen, mit der Bouillon ablöschen. 20 Minuten kochen, dann Hörnli und Reis zufügen. Mit Salz und Pfeffer würzen und 20 Minuten weiterkochen. Mit viel Reibkäse servieren.

Für 6 Personen

1 kg Rindsknochen
2 Kartoffeln
1 Lauchstengel
2 Rüebli (Karotten)
1 Zwiebel
½ Kabis
100 g Speckwürfel
100 g Hörnli (Teigwaren)
1 ½ l Bouillon
100 g Reis
Je 2 Eßl. feingehackte junge Brennesseln und Heimini, «Guter Heinrich», d. h. Mangold
Salz, Pfeffer
100 g geriebener Käse

Die Inser Armensuppe wurde zu Beginn der neunziger Jahre des letzten Jahrhunderts von der Schulkommission und dem Gemeinderat eingeführt. Die Suppe wurde zu dieser Zeit täglich während der kalten Wintermonate verteilt, und viele holten Portionen für die ganze Familie.

Eisser Armesuppe

Für 4 Personen

1 gehackte Zwiebel
1 Eßl. Butter
60 g Gerste
1 Speckschwarte
1 ½ l Bouillon oder Wasser
2 Rüben oder Kohlrabi oder 4 Karotten
2 Lauchstengel
1 Stück Sellerie
1 Wirsing oder
1 Blumenkohl oder
400 g grüne Bohnen
2 Kartoffeln
Salz, Muskatnuß

Die Zwiebel in der Butter anziehen lassen. Die Gerste beifügen und kurz mitdünsten. Die Speckschwarte und Bouillon oder Wasser zugeben und gut eine Stunde kochen. Alle Gemüse putzen und in Rädchen oder kleine Stücke schneiden. Die Kartoffeln klein würfeln. Gemüse und Kartoffeln zur Suppe geben und nochmals 30 bis 45 Minuten weiterkochen. Mit Salz und Muskatnuß abschmecken. *Tip:* Nach Belieben Wursträdchen in der Suppe heiß machen.

Ein etwas merkwürdiges Rezept für kalt zubereitete Fleischbrühe ging mir von einer meiner Leserinnen zu. Sie entnahm es dem Buch «Eberts Schweizer Köchin» vom damaligen Jent-Verlag in Bern aus dem Jahre 1869. Als Kuriosum sei es hier wiedergegeben.

Fleischbrühe, kalt bereitet

125 g frisches, mageres Rindfleisch wird roh gehackt oder geschabt, mit einer Prise Salz, 2 Tropfen Salzsäure und einem Liter kaltem Wasser in einen irdenen Topf gebracht und zugedeckt 2 Stunden stehen gelassen, hernach durch ein reines, ausgespültes Tuch gegossen und löffelweise gereicht. Diese Brühe wird vom schwächsten Magen vertragen und ist sehr kräftigend.

Häufig erschien im Berner Seeland um Ostern die «Sieben-Grün-Suppe» auf dem Speisezettel, auch Gründonnerstagsuppe genannt. Nach alter Überlieferung mußte man unbedingt am Tag vor dem Karfreitag, der ein Fasttag war, eine Suppe essen, die sieben verschiedene Grün enthielt. Davon hing Glück oder Unglück der kommenden Monate ab.

Gründonnerstagsuppe

Rüebli, Sellerie und Lauch grob hacken. Mit Wasser oder Bouillon 30 Minuten kochen. Das Brot in kleine Würfel schneiden und in der Butter (1) goldgelb rösten. Das Mehl mit der Butter (2) 2 bis 3 Minuten dünsten, ohne Farbe annehmen zu lassen. Die passierte Gemüsebouillon unter Rühren darübergießen und aufkochen. Spinat, Mangold, Sauerampfer, Bärlauch und Salatblätter in feine Streifchen schneiden. Knoblauch durchpressen und Schalotten fein hacken. Mit Schnittlauch und Petersilie in die Suppe geben. Mit Salz, Pfeffer und Muskatnuß würzen. Eigelb mit Rahm verklopfen, zur Suppe geben. Unter Rühren bis knapp vors Kochen bringen. Auf die gerösteten Brotwürfelchen anrichten.

Für 4 Personen

1 Rüebli (Karotte)
1 Stück Sellerie
2 Lauchstengel
1 l Wasser oder Gemüsebouillon
2 Scheiben Weißbrot
2 Eßl. Butter (1)
1 Eßl. Mehl
1 1/2 Eßl. Butter (2)
1 Handvoll Spinat
1 Handvoll Mangold
1 Büschel Sauerampfer
1 kleines Büschel Bärlauch
Einige Salatblätter
1 Knoblauchzehe
2 Schalotten oder 1 kleine Zwiebel
1 Eßl. gehackter Schnittlauch
1 Eßl. gehackte Petersilie
Salz, Pfeffer, Muskatnuß
1 Eigelb
1 Eßl. Rahm

Milch — ein ganz besonderer Saft.
Im Zürcher Oberland spendeten die Bauern den Armen jeweils «Pfingstmilch». Sie versprachen sich durch diese Wohltätigkeit einen reicheren Milchertrag. Das Kochen mit Milch haben wir inzwischen ein bißchen verlernt. Darum hier ein typisches Milchrezept.

Milchsuppe aus dem Züribiet

Für 4 Personen

Dünkli (im Ofen getrocknete, dünn geschnittene Brotscheiben)
1 ½ l Milch
2 Eßl. Hafermehl oder Mehl
4 Eigelb
Salz

Die Dünkli in eine Suppenschüssel geben. Milch aufkochen. Mehl und Eigelb verklopfen, in die heiße Milch geben und knapp vors Kochen bringen. Mit Salz würzen und die heiße Suppe über die Dünkli verteilen.
Man kann das Mehl weglassen und dafür 2 Eigelb mehr in die Suppe geben.

La soupe de la mère Royaume

Genfer Gemüsesuppe

Davon gibt es kein eigentliches Rezept. Jede Hausfrau bereitet diese Gemüsesuppe auf ihre Art zu. Da und dort ist es noch Brauch, daß die Schulkinder zur Genfer Escalade ein Gemüse mitbringen. Alle mitgebrachten Gemüse werden zu einer Suppe gekocht. Eine Geschichtslektion über die Escalade umrahmt die Suppenmahlzeit.
Für die «Soupe de la mère Royaume» werden alle Gemüse zerkleinert und stundenlang auf kleinem Feuer gekocht. Zuletzt fügt man nach Belieben noch eine Handvoll Reis bei. Das ist das ganze Geheimnis.

Immer wieder stößt man in der alten Schweizer Küche auf eine Kindbettsuppe, die je nach Gegend verschieden zubereitet wird. Immer aber sind Eier darin enthalten. Ihre stärkende Wirkung ist unbestritten. Im Seeland besteht diese Suppe hauptsächlich aus Brot, das in «Anke» (Butter) geröstet wird. Sie heißt deshalb auch «Ankebröchlisuppe».

Seeländer Chindbettisuppe

Seeländer Kindbettsuppe

Für 4 Personen

200 g altbackenes Brot
60 g eingesottene Butter
1 1/2 l Bouillon oder Wasser
Salz, Muskatnuß
4 frische Eier

Das Brot in kleine Würfel schneiden. In der Butter braun rösten. Mit Bouillon oder Wasser ablöschen. 15 bis 20 Minuten bei kleiner Hitze kochen. Mit Salz und Muskatnuß abschmecken. Je ein aufgeschlagenes Ei in 4 Suppenteller verteilen und die heiße Suppe darübergießen.

Tip: Die Suppe darf nicht zu lange gekocht werden, sonst wird das Brot zu weich.

Varianten:

- Einen Schuß Wein dazugießen.
- Schnittlauch oder Petersilie backen und zufügen.
- Mit wenig geriebenem Käse anreichern.

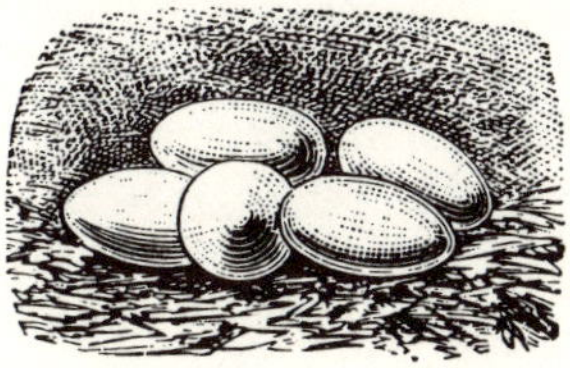

Im Tessin werden, besonders auf dem Lande und in den Tälern, die meisten Innereien auf gute Art verwertet. Diese Suppe ist bei uns weitgehend unbekannt, schmeckt aber sehr gut.

Zuppa alla milza

Milzsuppe

Für 4 Personen

4 dünne Scheiben Tessiner Weißbrot
2 Eßl. Olivenöl
200 g Milz
2 Eßl. Petersilie, gehackt
2 Knoblauchzehen
1 Teel. geriebene Zitronenschale
Salz, Pfeffer
1 l Fleischbrühe

Die Brotscheiben im Öl hellgelb rösten. Die Milz kleinschneiden und mit Petersilie, durchgepreßtem Knoblauch und geriebener Zitronenschale im Mörser zu einer gleichmäßigen Paste verarbeiten. Mit Salz und Pfeffer abschmecken. Die Brotscheiben damit bestreichen und in Suppentassen verteilen. Mit kochendheißer Fleischbrühe übergießen.

Tips:

- Man kann die Milzpaste auch im Mixer zubereiten.
- Das Tessiner Brot läßt sich durch Baguette ersetzen.

Besonders delikate Süppchen

Ein raffiniertes Süppchen aus Avocadobirnen, pikant abgeschmeckt und mit Brotwürfelchen garniert.

Avocadosüppchen

Zwiebeln in einem Eßlöffel Butter 3 bis 4 Minuten dünsten, ohne Farbe annehmen zu lassen. Den durchgepreßten Knoblauch beifügen. Mit 2½ dl Bouillon ablöschen und 20 Minuten auf kleinem Feuer kochen lassen. Haselnüsse in einer trockenen Bratpfanne hellgelb rösten.
Avocados halbieren. Kern entfernen, schälen, in kleine Stücke schneiden und sofort mit Zitronensaft mischen. Zum Zwiebelmus geben und durch ein feines Sieb streichen oder im Mixer pürieren. Das Gemüsepüree in eine Pfanne geben, restliche Bouillon dazugießen. Langsam erwärmen, ohne kochen zu lassen. Rahm mit Eigelb verrühren. Etwas Suppe darunterschwingen, in die Pfanne geben und nochmals vorsichtig erwärmen. Unter keinen Umständen kochen! Mit Kräutersalz, Pfeffer und Cayennepfeffer pikant würzen.
Toastbrot quer zu Dreiecken schneiden. In der restlichen Butter goldgelb rösten. Die Suppe in Suppentassen verteilen und mit Petersilie und gerösteten Haselnüssen bestreuen. Unmittelbar vor dem Servieren je ein geröstetes Brotdreieck in die Suppe legen.
Variante: Diese Suppe kann auch eisgekühlt serviert werden. In diesem Fall kann man auf Rahm und Eigelb verzichten und dafür am Schluß Joghurt der erkalteten Suppe beifügen. Ideal als kleine Vorspeise oder für ein kaltes Buffet.

Kann vorbereitet werden (Eierrahm erst unmittelbar vor dem Servieren zufügen)
Arbeitsaufwand: 20 Minuten
Kochzeit: 20 Minuten

Für 4 Personen

2 reife Avocadobirnen
1 feingehackte Zwiebel
1½ Eßl. Butter
1 Knoblauchzehe, durchgepreßt
7½ dl Bouillon
1 Eßl. gehackte Haselnüsse
1 Eßl. Zitronensaft
5 Eßl. Rahm (oder Joghurt für kalte Variante)
1 Eigelb
½ Teel. Kräutersalz
Pfeffer
1 Prise Cayennepfeffer
1 Scheibe Toastbrot
1 Eßl. gehackte Petersilie

Eine meiner liebsten Suppen. Besonders geeignet für Gäste, die etwas Gutes zu schätzen wissen.

Artischockensuppe

Kann vorbereitet werden
Arbeitsaufwand: 40 Minuten
Kochzeit: 20 bis 35 Minuten (im Dampfkochtopf 8 bis 12 Minuten)

Für 4 Personen

8 kleine oder 4 große Artischocken (fleischige, große Sorte)
½ Zitrone
2 Scheiben Toastbrot
4 Eßl. Butter
1 bis 2 Knoblauchzehen
1 l Bouillon
¼ Teel. Zucker
1 Eßl. Mehl
Salz, Pfeffer
Muskatnuß
2 dl Rahm
2 Eßl. gehackte Petersilie

Oberes Drittel und Stiel der Artischocken mit scharfem Messer abschneiden. Schnittflächen sofort mit der halben Zitrone einreiben. Brot in ganz kleine Würfel schneiden und mit durchgepreßtem Knoblauch in 2 Eßlöffeln Butter hellbraun rösten.
Bouillon aufkochen. Zucker und die Artischocken hineingeben und 30 bis 40 Minuten kochen, bis sich die Blätter gut lösen. Artischocken aus dem Wasser nehmen und abkühlen lassen. Die großen Blätter auszupfen, auf einen flachen Teller legen und mit einem Löffel aus dem breiten Teil der Blätter das Fruchtfleisch auspressen. Durch ein Sieb streichen oder mit wenig Kochwasser im Mixer pürieren und ins Kochwasser rühren. Die kleinen hellen Blättchen und das «Heu» ausziehen; die Böden in feine Würfelchen schneiden.
Restliche Butter in kleiner Pfanne erhitzen. Mehl zugeben und hellgelb schwitzen. Mit der Artischockensuppe ablöschen, gut rühren und 10 Minuten auf kleinem Feuer kochen. Mit Salz, Pfeffer und Muskatnuß würzen und mit

Rahm verfeinern. Gewürfelte Böden beifügen und erhitzen, aber nicht mehr wirklich kochen lassen.
Die Suppe anrichten, mit Petersilie bestreuen und die Brotwürfelchen separat dazu servieren.
Tip: Diese Suppe schmeckt nur dann wirklich delikat, wenn sie aus ganz frischen Artischokken zubereitet wird. Man erkennt sie an der satten, grünvioletten Farbe. Auf keinen Fall dürfen sie bräunliche, trockene Spitzen haben, und bei Fingerdruck müssen sie elastisch nachgeben.
Bitte mit dem Zitronensaft sparsam umgehen. Er soll nur dazu dienen, daß die Artischocken sich nicht zu stark verfärben. Die Suppe soll dadurch nicht sauer werden, das wäre schade!

Gegen Ende Oktober finden wir auf dem Markt die wunderschönen gelben Kürbisse. Wie köstlich man sie zubereiten kann, wissen heute nur noch die wenigsten.

Berner Kürbissuppe

Die Gemüse schälen und in grobe Würfel schneiden. Mit Wasser aufsetzen und 40 Minuten kochen. Dann durch das Passevite treiben. Wenn nötig noch mit etwas Bouillon verdünnen. Nochmals aufkochen, gehackte Petersilie hineingeben und mit den gerösteten Brotwürfeln servieren.

Für 6 bis 8 Personen

1 ½ l Bouillon
250 g Kartoffeln
150 g Rüebli (Karotten)
2 Lauchstengel
1 Zwiebel
1 Büschelchen Petersilie
1 großer Kürbisschnitz
Salz, Pfeffer, Majoran
Weißbrotwürfel, in Butter geröstet

Eine ausgezeichnete Lauchsuppe, die mit Kartoffeln, einem Eigelb und etwas Joghurt gebunden wird.

Bulgarische Lauchsuppe

Kann vorbereitet werden
Arbeitsaufwand: 35 Minuten
Kochzeit: 30 Minuten (im Dampfkochtopf nur 10 Minuten)

Für 4 Personen

100 g Magerspeck
1 Zwiebel
750 g Lauch (Porree)
500 g Kartoffeln
1 Eßl. Butter
1,2 l Fleischbouillon (Fleischbrühe)
1 Lorbeerblatt
Salz, Pfeffer
1 Eigelb
2 Eßl. Joghurt
2 Knoblauchzehen
2 Eßl. Zitronensaft
1 Teel. Kräutersalz
2 Eßl. gehackte Petersilie

Speck in kleine Würfelchen schneiden. Zwiebel hacken, Lauch kleinschneiden. Kartoffeln schälen und in kleine Würfel schneiden. Speck in Butter leicht anbraten. Zwiebel und Lauch beifügen und 5 Minuten mitdünsten, bis das Gemüse etwas Farbe annimmt. Fleischbouillon zugeben. 5 Minuten kochen lassen. Kartoffelwürfel, Lorbeerblatt und wenig Salz zufügen. 25 Minuten kochen. Eigelb mit Joghurt, durchgepreßtem Knoblauch und Zitronensaft verrühren. Die Suppe von der Herdplatte wegziehen, die Eimischung unter Rühren zugeben. Mit Kräutersalz und Pfeffer würzen. Die Suppe wieder aufsetzen und bis knapp vors Kochen bringen. In vorgewärmten Bouillontassen servieren und mit Petersilie bestreuen.

Tip: Nach Belieben in Butter geröstete Brotwürfelchen oder Bauernbrot dazu servieren.

Variante: Man kann diese Suppe vor dem Binden auch passieren und nach Belieben etwas mehr Joghurt oder Kefir zufügen.

Etwas Ungewohntes: eine aromatische Suppe aus Brokkoli, gut gewürzt und mit Sauerrahm verfeinert.

Cream of Broccoli

Brokkoli-Suppe

Die Brokkoliröschen sorgfältig abschneiden. In wenig Bouillon knapp weich kochen und beiseite legen. Zwiebeln in Butter 2 bis 3 Minuten dünsten. Restlichen Brokkoli, Zwiebeln mit Bouillon und Lorbeerblatt im Dampfkochtopf 10 Minuten weichkochen. Anschließend Lorbeerblatt entfernen und das Ganze durch die Passiermaschine treiben. Das Püree aufkochen. Sud der Brokkoliröschen zufügen: Mit Salz, Pfeffer, Thymian und Basilikum würzen. Sauerrahm und Brokkoliröschen zugeben und nur noch knapp bis vors Kochen bringen. In Suppentassen anrichten und mit Schnittlauch bestreuen.

Tip: Sauerrahm vor dem Beigeben mit einem Schneebesen verrühren.

Varianten:

- Kleine rote Peperoniwürfelchen (Paprikaschoten) mit den Zwiebeln mitdünsten.
- Feingehackten Schinken oder Mortadella zufügen beim Anrichten.

Kann vorbereitet werden
Arbeitsaufwand: 20 Minuten
Kochzeit: 30 Minuten (im Dampfkochtopf nur 10 Minuten)

Für 4 Personen

2 Eßl. Butter
1 große Zwiebel, gehackt
750 g Brokkoli
Salz
½ Teel. Pfeffermischung
¾ l Fleischbouillon
½ Lorbeerblatt
½ Teel. Thymian, gehackt
1 Eßl. Basilikum, gehackt
1 Eßl. Schnittlauch, gehackt
4 Eßl. Sauerrahm (saure Sahne)

Meine allerliebste und letzte Suppenkreation: leicht, aromatisch und farblich schön. Eine Karottensuppe, die Erfolg haben muß, auch bei jenen, die dieses Gemüse nicht sonderlich lieben.

Delikate Karottensuppe

Kann vorbereitet werden
Arbeitsaufwand: 20 Minuten
Kochzeit: 30 Minuten (im Dampfkochtopf nur 10 Minuten)

Für 4 Personen

1 große Zwiebel
1 Eßl. Butter
1 kg Karotten
2 Kartoffeln
1 Speckschwarte
1 l Fleischbrühe
½ Teel. Kerbel, gerebelt
½ Teel. Zucker
Salz, Pfeffer
1 Teel. Kräutersalz
1 Eigelb
5 Eßl. Rahm
20 g gehackte Kresse
1 Eßl. gehackter Schnittlauch

Zwiebel fein hacken und in Butter 2 bis 3 Minuten anziehen lassen. Karotten schälen und in Scheiben schneiden, Kartoffeln schälen und vierteln.
Speckschwarte und Fleischbrühe zu den Zwiebeln geben. Karotten und Kartoffeln zufügen. 30 Minuten kochen. Speckschwarte herausnehmen und Gemüse durch die Passiermaschine drehen. Wieder in die Pfanne geben. Mit Kerbel, Zucker, Pfeffer und Kräutersalz würzen. Eigelb mit Rahm gut verrühren. Zur Suppe geben. Nochmals knapp bis vors Kochen bringen. Mit wenig Salz abschmecken. Kresse und Schnittlauch in eine vorgewärmte Suppenschüssel geben. Die Suppe darüber anrichten. Mit wenig Schnittlauch bestreuen und sofort servieren.

Tips:
– Verwendet man Karotten aus der Dose, werden diese erst nach dem Garwerden der Kartoffeln zugefügt.
– Als Beilage frisches Brot.

Variante: Diese Suppe läßt sich im Sommer auch eisgekühlt servieren. In diesem Fall das Eigelb weglassen und nur 3 Eßlöffel Rahm beigeben.

Diese Entenessenz gehört zum Besten, was es gibt. Man braucht dazu nur das Knochengerippe und die Flügel einer Ente. Schenkel und Brustfilets lassen sich auf andere Art verwenden. Wird dieses Süppchen außerdem noch mit einem Blätterteighut versehen, dann ist die Überraschung für die Tischgäste perfekt.

Essence de canard

Entenessenz

Kann vorbereitet werden
Arbeitsaufwand: 15 Minuten
Kochzeit: 1 Stunde (im Dampfkochtopf nur 20 Minuten)

Für 6 Personen

1 Ente
1 Karotte
150 g Lauch (Porree)
1 kleines Stück Sellerieknolle
4 bis 5 Wacholderbeeren
1 bis 2 Salbeiblätter oder wenig Thymian
Salz, Pfeffer

Die Ente häuten und entbeinen. Brüstchen und Schenkel beiseite legen und für ein anderes Gericht verwenden. Die Karkasse (Knochengerippe) mit dem daran hängenden Fleisch halbieren oder vierteln, in eine Pfanne geben, mit Wasser bedecken und mit Wacholderbeeren und Salbei oder Thymian eine Stunde kochen (im Dampfkochtopf 20 Minuten).

Die Brühe absieben und wieder in die Pfanne geben. Bis zu zwei Dritteln einkochen. Geschälte Karotte, Lauch und Sellerie in sehr feine Streifchen schneiden. Separat in wenig Entenbrühe knapp weich kochen. Die Entenbrühe nach dem Reduzieren erkalten lassen. Fettschicht abheben, aufkochen und nach Belieben durch einen Papierfilter (eventuell durch einen Kaffeefilter) gießen, damit sie schön klar wird.

Die Gemüsestreifen und eventuell noch etwas Entenfleisch zufügen, mit Salz und Pfeffer würzen und heiß in kleinen, vorgewärmten Täßchen servieren.

Tips:

- Wichtig ist, daß man die Brühe nach dem ersten Aufkochen mehrmals abschäumt. Bei der Zubereitung im Dampfkochtopf den Druckdeckel erst nach dem Abschäumen aufsetzen.

- Das Filtrieren ersetzt das klassische Klarifizieren mit Eiweiß und Hackfleisch, wie es in Großküchen praktiziert wird.
- Als Beilagen Käsestengelchen aus Blätterteig oder Toasts.

Varianten:
- Mit Teigdeckel versehen und überbacken.
- Ente durch Fasan oder anderes Wildgeflügel ersetzen.
- Bei Wachtelessenz je ein Wachtelei (frisch oder aus der Dose) in die Tasse geben.
- Gemüsejulienne durch frischgehackte Kräuter ersetzen.

Im Frühling und im Sommer gibt es in den Bauerngärten viele Kräuter, die ein einfaches Süppchen zum Auftakt einer festlichen Mahlzeit werden lassen.

Grüne Suppe

Für 4 bis 6 Personen

1 große Zwiebel
4 Eßl. gemischte Kräuter, gehackt (z. B. Kerbel, Basilikum, Borretsch, Majoran, Sauerampfer, Bärlauch, Löwenzahn, Brennessel, Schnittlauch, Petersilie)
2 Eßl. Butter
1 ½ l Bouillon
2 Eßl. Reismehl
1 dl Rahm
Salz, Pfeffer

Die Zwiebel hacken. Drei Viertel der Kräuter mit der Zwiebel in der Butter anziehen lassen. Die Bouillon zugeben und 10 Minuten kochen. Das Reismehl mit wenig Suppe verrühren. Dazugießen und rühren, bis die Suppe leicht gebunden ist. Den Rahm zugeben, die Suppe nochmals erwärmen, gut abschmecken und über die restlichen Kräuter anrichten.

Varianten:
- Das Reismehl weglassen und die Suppe mit einem Eigelb binden.
- Hausgemachte Bouillon verwenden und einen Kalbsfuß darin auskochen. Auf diese Art wird die Suppe gehaltvoller.

So werden Morcheln zubereitet:

Morchelsuppe nach Weggiserart

Für 4 Personen

100 g frische Rigimorcheln
1 Rüebli (Karotte)
1 kleines Stück Sellerie
1 Eßl. Butter
1 Eßl. gehackte Zwiebeln
8 dl hausgemachte Fleischbouillon (nach Belieben entfettet)
Salz, Pfeffer
2 Eigelb
1 dl Rahm

Die Morcheln entstielen, in kaltes Wasser legen und mehrmals waschen, bis kein Sand mehr vorhanden ist. Rüebli und Sellerie schälen, in ganz feine Streifen schneiden. Mit der gehackten Zwiebel in Butter anziehen lassen. Die abgetropften Morcheln zugeben (große halbieren). 10 Minuten zugedeckt dünsten. Die Bouillon zufügen und langsam erwärmen. Mit Salz und Pfeffer nachwürzen. Eigelb und Rahm verquirlen, zugeben, knapp bis vors Kochen kommen lassen. Sofort anrichten und mit frischem Ruchbrot servieren.
Variante: Dieses Rezept kann auch mit getrockneten Morcheln zubereitet werden, die man eine Zeitlang einlegt und länger dünstet. Allerdings schmeckt das Gericht auf diese Art nicht so gut wie mit den frischen Pilzen.

Eine echte Rindsbouillon,
die man als Suppenbasis zubereiten
oder auch für Risotto verwenden kann.

Rindsbouillon

Kann vorbereitet werden
Arbeitsaufwand: 10 Minuten
Kochzeit: 1½ Stunden (im Dampfkochtopf nur 30 Minuten)

Einen Liter Wasser zum Kochen bringen. Rindsknochen hineingeben und aufkochen lassen. Knochen auf ein Sieb schütten und mit kaltem Wasser abspülen. Knochen in einen entsprechenden Topf geben und mit 5 l kaltem Wasser auffüllen. Gemüse gut waschen, ungeschält in kleine Stücke schneiden und dazugeben. Ungeschälte Zwiebeln halbieren und mit der Schnittfläche auf eine heiße Herdplatte legen, bis sie Farbe angenommen haben, zur Bouillon geben und diese zum Kochen bringen und leicht salzen. Herd so weit zurückschalten, daß die Bouillon gerade noch leicht kocht. Entstehenden Schaum von Zeit zu Zeit mit einer Schaumkelle entfernen. Bouillon etwa 1 1/2 Stunden kochen lassen.

Tips:

– Diese Bouillon läßt sich nach dem Entfetten einfrieren, am besten in Portionen, damit sie für jeden Zweck weiterverwendet werden kann.

– Als Beilage jede beliebige Bouilloneinlage.

Varianten:

– Ochsenschwanz- oder Rindfleisch kleinschneiden und zufügen.

– Mit Gemüsestreifen anrichten.

– Mit verquirltem Eigelb und wenig Rahm binden.

– Für Käsesuppe verwenden.

– Zwiebeln mitkochen, mit Brot belegen und mit Käse bestreuen und überbacken.

– Mit viel Kräutern «nature» servieren.

– Mit sehr fein geschnittenem, jungem, rohem Lauch (Porree) zubereiten.

– Für die Zubereitung eines guten Risottos verwenden.

– Als Basis für Gemüsesuppen nehmen.

1 kg Rindsknochen, kleingehackt
500 g Rindfleisch oder Ochsenschwanz
6 l Wasser
1/2 Sellerieknolle
2 mittelgroße Karotten
1 Lauchstengel
2 Zwiebeln
Salz

Sauerampfersuppe

Für 4 Personen

2 bis 3 Handvoll Sauerampfer
2 Eßl. gehackte Zwiebeln
2 Eßl. Butter
2 Eßl. Mehl
1 l Fleisch- oder Gemüsebouillon
2 Eigelb
1 dl Rahm

Sauerampfer waschen und in feine Streifen schneiden. Die Hälfte davon mit den gehackten Zwiebeln in Butter anziehen lassen. Mehl zugeben und mitdünsten, bis es hellgelb wird. Mit Bouillon ablöschen und 10 Minuten kochen. Eigelb mit Rahm in der Suppenschüssel anrühren. Die kochende Suppe darüber anrichten. Restlichen rohen Sauerampfer fein hacken und zur Suppe geben.

Im fruchtbaren Boden des Seelandes gedeihen Spargeln besonders gut. Der Sud, in dem die Spargeln gekocht werden, kann als Grundlage für eine ausgezeichnete Suppe verwendet werden.

Spargelsuppe

Für 4 bis 6 Personen

500 g Spargeln
1 Eigelb
1 dl Rahm
1 Eßl. gehackter Kerbel

Die Spargeln in 1½ Liter Wasser kochen (s. S. 90). Die Köpfchen abschneiden und beiseite legen. Die Spargelstangen mit etwas Spargelsud im Mixer pürieren. Das Püree mit dem restlichen Spargelsud unter Rühren aufkochen. Das Eigelb verrühren und mit etwas Suppe gut vermischen. Den Rahm steif schlagen. Die Eimischung unter Rühren zur Suppe geben, erwärmen, aber nicht kochen. Zuletzt den Rahm darunterziehen. Wenn nötig nachwürzen, in vorgewärmte Suppentassen verteilen und mit Kerbel bestreuen.

Variante: Ei und Rahm weglassen und die Suppe mit wenig Maisstärke und Milch binden.

Diese klassische Suppe schmeckt sowohl kalt im Sommer als auch heiß im Winter.

Vichyssoise

Kartoffel-Lauch-Suppe

Kann vorbereitet werden
Arbeitsaufwand: 15 Minuten
Kochzeit: 30 Minuten (im Dampfkochtopf nur 10 Minuten)

Für etwa 3 Liter Suppe

6 mittelgroße Kartoffeln
400 g Gemüselauch oder nur weißer Teil des Lauches
1 Zwiebel
2 Eßl. Butter
Salz, weißer Pfeffer
1½ l Hühnerbouillon
1 l abgekochte Milch
¼ l Rahm
2 Büschel Schnittlauch
4 bis 5 Eßl. kleine geröstete Brotwürfelchen
1 Stück Butter

Zwiebel hacken und zusammen mit dem feingeschnittenen Lauch in einem Eßlöffel Butter dünsten, ohne Farbe annehmen zu lassen. Die in Scheiben geschnittenen rohen Kartoffeln dazugeben und mit Bouillon und Milch ablöschen. Kochen lassen, bis das Gemüse weich ist, dann durch ein Sieb streichen. Wieder aufs Feuer setzen, eventuell mit Wasser verdünnen, gut würzen, mit der frischen Butter und dem Rahm verfeinern. Den feingeschnittenen Schnittlauch dazugeben. In restlicher Butter geröstete Brotwürfelchen gesondert auf den Tisch bringen. Eisgekühlt oder warm servieren.

Tip: Für den kalten Service kann man die Suppe bereits in Suppentassen abfüllen und kalt stellen.

Variante: Diese Suppe avanciert zu einem Suppensnack, wenn man folgende Zutaten dazu serviert: geröstete Brotwürfelchen (wie bereits beschrieben); gehackten Schinken; kleine Peperoniwürfelchen; frische Tomatenwürfelchen; geröstete Speckscheibchen.

Fischsuppen (Süßwasser)

Auch mit Fischen wie Karpfen und Schleien kann man ohne viel Aufwand eine gute Fischsuppe zubereiten.

Einfache Fischsuppe

Das Fischfleisch von den Gräten lösen. Eine Zwiebel mit dem Lorbeerblatt und der Gewürznelke spicken. Mit den Pfefferkörnern und den Fischgräten in $1\frac{1}{2}$ l Wasser 15 Minuten kochen. Die Brühe durch ein Sieb gießen. In den Kochtopf zurückgeben und die gespickte Zwiebel wieder beifügen. Die restliche Zwiebel in feine Streifen schneiden. Mit einem Eßlöffel gehackter Petersilie und dem kleingeschnittenen Sellerriekraut zur Suppe geben. Das Fischfleisch in Würfel schneiden und langsam in der Brühe ziehen lassen. Die Brotscheiben beidseitig in etwas Öl anziehen lassen. Die Eigelbe mit dem Essig gut verquirlen. Etwas Brühe daraufgießen, zur Suppe geben und unter Rühren bis knapp vor den Siedepunkt bringen. Mit Salz und Pfeffer abschmecken. Die gespickte Zwiebel entfernen. Die Suppe in Tassen oder Suppenteller verteilen. Mit der restlichen Petersilie bestreuen. Je eine Brotscheibe in die Suppe legen.

Wichtig: Die Fische müssen gründlich entgrätet werden.

Tip: In Jugoslawien werden die Fischstücke mit den Gräten in die Suppe gegeben. Ich habe sich absichtlich entgrätet und die Fischbrühe im voraus zubereitet.

Variante: Petersilie durch Zitronenmelisse oder Trique-Madame-Kraut ersetzen.

Kann weitgehend vorbereitet werden
Arbeitsaufwand: 20 Minuten
Kochzeit: 25 Minuten

Flußhecht, Hasel

Für 6 Personen

1 kg Süßwasserfische, z. B. Karpfen und Schleien
2 Zwiebeln
1 Lorbeerblatt
1 Gewürznelke
6 weiße Pfefferkörner
2 Eßl. gehackte Petersilie
1 Zweig Sellerriekraut
6 kleine Scheiben Weißbrot
2 Eßl. Olivenöl
2 Eigelb
1 Eßl. Weißweinessig
Salz, Pfeffer

Etwas für Kenner: eine gehaltvolle Suppe aus frischem Aal. Holländer, Belgier und Norddeutsche machen gern einen Umweg, um diese Suppe irgendwo genießen zu können.

Nordische Aalsuppe

Kann weitgehend vorbereitet werden
Arbeitsaufwand: 20 Minuten
Kochzeit: 25 bis 30 Minuten

Kabeljau, Trüsche (Aalquappe)

Für 6 Personen

800 g Aal
1 dl Weinessig
3 Schalotten
Salz, Pfeffer
5 Pfefferkörner
1 Gewürznelke
2 bis 3 Petersilienstiele
2 Karotten
1 Stück Sellerieknolle
1 Lauchstange
1½ l «Fischbouillon» (s. S. 87)
3 Eßl. Kochbutter
1 Eßl. Mehl
1 Eßl. gemischte Kräuter (Salbei, Thymian, Majoran)
200 g enthülste Erbsen, frisch oder tiefgefroren
2 Eigelb

Den Aal vom Händler kochfertig vorbereiten lassen. In etwa 4 cm lange Stücke schneiden. In einen Topf geben, mit 7 dl Wasser und 1 dl Essig begießen. Grobgeschnittene Schalotten, wenig Salz, Pfefferkörner, Nelke und Petersilienstiele zufügen. Zudecken und bei kleiner Hitze etwa 10 bis 15 Minuten ziehen lassen, dann durch ein Sieb gießen. Fischstücke beiseite stellen. Karotten, Sellerie und Lauch in kleine Würfel oder Rädchen schneiden. Das Gemüse in der Fischbouillon 20 Minuten kochen. Die Butter mit dem Mehl zu einer Kugel verkneten. In die Suppe geben und rühren, bis sie gebunden ist. Mit Salz, Pfeffer und den Kräutern abschmecken.
Die Fischstücke mit den Erbsen in die Suppe geben. Noch 5 Minuten ziehen lassen. Die Eigelbe mit etwas Fischsuppe gut verrühren. Zur Suppe geben. Bis knapp vor den Siedepunkt bringen. Nochmals nachwürzen und sofort servieren.
Wichtig: Bei Verwendung von anderen Fischsorten, z. B. Kabeljau, den Essig durch einen Eßlöffel Zitronensaft oder 1 dl Weißwein ersetzen.
Variante: Im Norden Deutschlands gibt man dieser Suppe noch Dörrpflaumen zu. So wird's gemacht: Dörrpflaumen am Vorabend in Wasser einlegen. Mit etwas Weißwein, Zitronenschale und Zucker weich kochen. Unter die Aalsuppe mischen. Nicht jedermanns Sache, aber interessant!

Unter «Pochouse» versteht man vornehmlich eine Suppe aus Süßwasserfischen. Sie ist das Lieblingsgericht vieler Fischer und wird von ihnen mit den am Vormittag nicht verkauften Fischen zubereitet. Die Mischung ist jedesmal etwas anders, was dem Geschmack aber keineswegs abträglich ist.

Pochouse

Suppe aus Süßwasserfischen

Kann vorbereitet werden
Arbeitsaufwand: 20 Minuten
Kochzeit: 10 Minuten

Große Felchen (Balchen), Trüsche (Aalquappe), Zander, Flußhecht, Karpfen

Für 4 Personen

600 g Süßwasserfische, ohne Gräten
4 Scheiben Weißbrot (Baguette)
1 Eßl. Gourmet-Butter
1 Knoblauchzehe
1 Schalotte
1 kleine Karotte
½ Fenchelknolle
1 Stück Bleichsellerie
½ Lauchstange (grüner Teil)
1 Eßl. Butter
1 dl guter Weißwein
6 dl «Fischbouillon» (s. S. 87)
1 Prise Safran
Salz, Pfeffer
1 Eßl. gehackter Kerbel

Die Brotscheiben beidseitig in Butter rösten. Mit durchgepreßtem Knoblauch beträufeln. Schalotte, Karotte, Fenchel, Bleichsellerie und Lauch in sehr feine Streifen schneiden. In der Butter anziehen lassen und mit Weißwein ablöschen. Die Bouillon dazugeben. 5 Minuten bei kleiner Hitze ziehen lassen. Die Fische in kleine Stücke schneiden, zufügen und langsam aufkochen. Den Safran beifügen und mit Salz und Pfeffer abschmecken. In vorgewärmte Suppentassen anrichten, mit Kerbel bestreuen und mit den Knoblauchcroûtons servieren.

Wichtig: Man kann dieser Suppe zum Verfeinern am Schluß 1 dl Rahm beifügen.

Variante: Einen Eßlöffel steifgeschlagenen Rahm auf je eine Tasse Suppe geben und unter der Grillschlange rasch überbacken.

In Ungarn wird der Karpfen mehr geschätzt als bei uns. Und das mit Recht, denn er hat ein ausgezeichnetes, festes Fleisch und eignet sich vor allem für einfache Gerichte sehr gut.

Szegeder Fischsuppe

Kann vorbereitet werden
Arbeitsaufwand: 25 Minuten
Kochzeit: 5 Minuten

Zander, Wels (Waller), Flußhecht

Für 6 bis 8 Personen

3 kg Karpfen
3 große Zwiebeln
2 grüne Paprikaschoten
1 Eßl. edelsüßes Paprikapulver
2 Eßl. Gourmet-Butter
Salz, Pfeffer
½ Teel. Rosenpaprikapulver, scharf
2 Eßl. Dillspitzen
1 Becher saurer Halbrahm, nach Belieben

Die Fische vom Händler schuppen, ausnehmen und entgräten lassen. Die Köpfe, Schwanzstücke und Gräten mitnehmen.
Die Zwiebeln in feine Streifen schneiden. Die Paprikaschoten halbieren, entkernen und in 1½ cm breite Streifen schneiden. Das Fischfleisch in mundgerechte Stücke schneiden. Die Fischköpfe, Schwanzstücke und Gräten mit den Zwiebeln, ½ Eßlöffel Paprika und 1½ l Wasser 1½ Stunde kochen. In einem zweiten Topf die Paprikastreifen in der Butter anziehen lassen. Das Fischfleisch beifügen, kurz mitdünsten, restliches Paprika zugeben und gut wenden. Die Fischbrühe dazusieben, dabei die weichgekochten Zwiebeln durch das Sieb in die Suppe drücken. 5 Minuten bei sehr kleiner Hitze ziehen lassen. Mit Salz, Pfeffer, Rosenpaprika und Dill pikant würzen. Die Suppe in Teller anrichten und nach Belieben etwas sauren Halbrahm zufügen.
Wichtig: Man kann Kartoffelscheiben in etwas Fischbouillon kochen und beifügen. Dann wird die Suppe zu einem Eintopfgericht.
Variante: Eine rote Paprikaschote, 2 geschälte, kleingeschnittene Tomaten, einen Zweig Sellleriekraut und 500 g Kartoffeln mitkochen. Dill weglassen. Mit scharfem Paprika abschmecken und Sauerrahm nach Belieben beifügen.

Trüschen werden vor allem von Fischern und Fischliebhabern wegen ihres feinen weißen Fleisches sehr geschätzt. Man findet sie in Flüssen, z. B. in Frankreich, aber auch bei uns in gewissen Seen, wo sie in großer Tiefe gefischt werden.

Trüschensüppchen

Kann weitgehend vorbereitet werden
Arbeitsaufwand: 15 Minuten
Kochzeit: 5 Minuten

Karpfen, Schleie

Für 4 Personen (als kleine Vorspeise)

250 g Trüsche (Aalquappe), ohne Haut und Gräten
7 dl «Fischbouillon» *(s. S. 87)*
1 Lauchstange
1 Eßl. Butter
Salz, Pfeffer
$\frac{1}{2}$ dl Weißwein
1 dl Rahm
2 Eigelb
1 Eßl. trockener Wermut (Noilly Prat)

Den Fisch in $1\frac{1}{2}$ cm große Stücke schneiden. Die Fischbouillon auf die Hälfte einkochen lassen. Den Lauch in etwa 4 cm lange Stücke, dann längs in sehr feine Streifen schneiden. In der Butter kurz anziehen lassen, die Fischwürfel zugeben, gut wenden, mit Salz und Pfeffer würzen, mit Weißwein ablöschen und 5 Minuten bei kleiner Hitze garen lassen. Die Fischbouillon nochmals aufkochen. Rahm, Eigelbe und Wermut verrühren. Etwas Bouillon unter Rühren zugeben. Die Mischung zur Suppe gießen und knapp bis vor den Siedepunkt bringen (nicht mehr kochen, sonst gerinnen die Eigelbe!). Die Fischstücke mit dem Lauch zufügen. Sofort in vorgewärmten, kleinen Bouillontassen oder Portionentöpfchen servieren.

Wichtig: Nur in Kleinportionen servieren, da die Suppe sehr nahrhaft ist!

Varianten:

- Lauch durch 2 Eßlöffel feingehackte Zwiebeln ersetzen und etwas gehackten Dill zufügen.
- Anstatt Wermut Whisky verwenden.

Fischsuppen (Salzwasser)

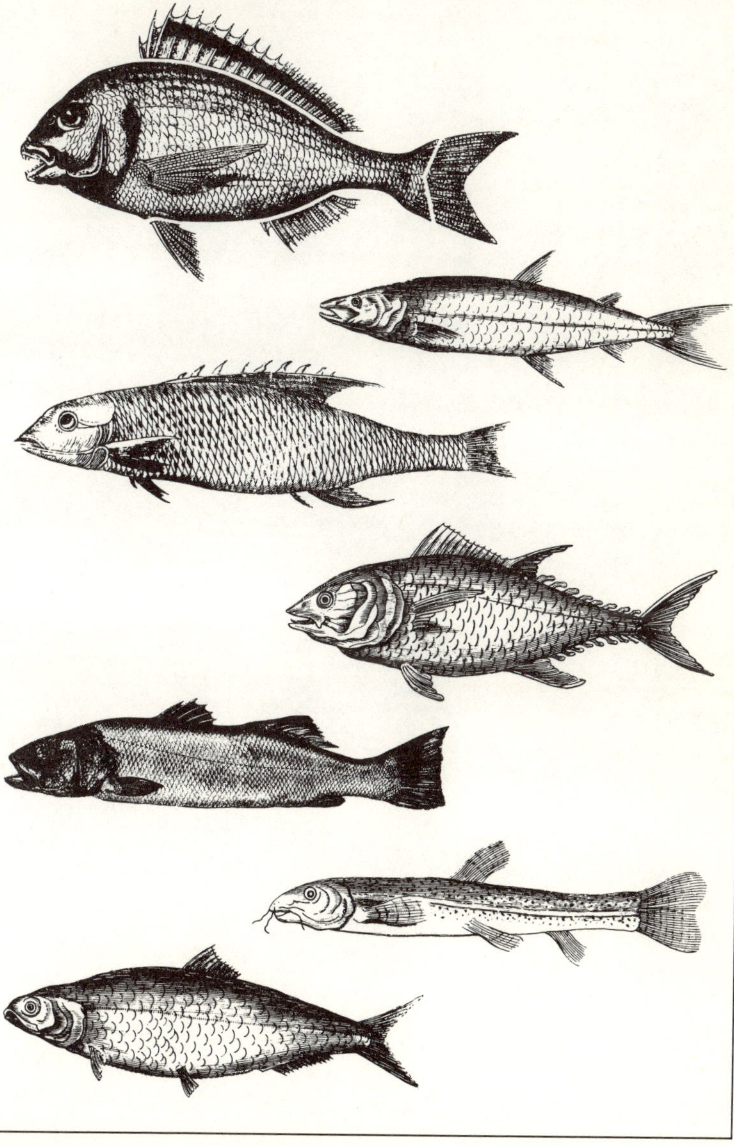

Ein klassisches Suppenrezept, das aus dem Hummerpanzer zubereitet wird und mit Hummerfleisch angereichert werden kann.

Bisque de homard

Hummersuppe

Den Hummer durch einen starken Schlag auf den Kopf betäuben und für 2 bis 3 Minuten kopfvoran in kochendes Wasser geben, dann längs halbieren.

Das Hummerfleisch aus dem Panzer nehmen. Auch die Scheren öffnen. Die Schalen grob hacken und damit einen Hummerfond zubereiten.

Den Hummerfond aufkochen, Reis zufügen und 20 Minuten kochen. Reis mit der Kochflüssigkeit im Mixer pürieren. Nochmals aufkochen. Hummerfleisch in sehr kleine Würfel schneiden und zugeben. 2 Minuten ziehen lassen. Rahm schlagen. Die Suppe von der Herdplatte wegziehen und die kleingeschnittene Butter darunterrühren. Mit Rahm verfeinern und mit Salz und Pfeffer abschmecken.

Wichtig: Ist die Suppe zu dick geraten, kann man sie mit etwas Hummerfond verdünnen. Sie soll aber schön sämig sein. Da diese Suppe sehr nahrhaft ist, wird sie in kleinen Tassen serviert, besonders wenn sie Bestandteil eines mehrgängigen Menüs ist.

Tip: Man kann den grünlichen, cremigen Teil im Innern des Panzers unter den Rahm schlagen und zufügen. Das Aroma der Suppe wird dadurch kräftiger. Ist die Farbe der Suppe zuwenig intensiv, kann sie durch ein wenig Tomatenpüree verbessert werden. Aber vorsichtig dosieren, damit dieser Geschmack nicht vorherrscht.

Varianten:

- Etwas Dillspitzen beifügen.
- Mit sehr wenig Pernod abschmecken.

Kann vorbereitet werden
Arbeitsaufwand: 25 Minuten
Kochzeit: 20 Minuten

Languste, Krebse

Für 6 Personen

1 Hummer (etwa 600 g)
6 dl «Hummerfond» (s. S. 92), zubereitet aus dem Panzer und den Füßen des Hummers
50 g Rundkornreis (Camolino oder Vialone)
1 ½ dl Rahm
30 g frische Butter
Salz, Pfeffer

Eine einfache Bouillabaisse, wie sie von Fischern zubereitet wird

Bouillabaisse nach Marseillerart

Kann teilweise vorbereitet werden
Arbeitsaufwand: 35 Minuten
Kochzeit: 15 bis 18 Minuten

Meerbrasse (Dorade), Wolfsbarsch (Loup de mer), Bindenbrasse, Petermännchen (Vive), Ziegenbarsch

Für 6 bis 7 Personen

3 kg Mittelmeerfische wie Drachenkopf (Rascasse), rot oder grau, Petersfisch (St-Pierre), Wittling (Merlan), Seeteufel (Baudroie), Meeraal, Knurrhahn, Stöcker
1 ½ dl Olivenöl
2 Zwiebeln
1 Lauchstange
2 kleine Tomaten
4 Knoblauchzehen
2 Lorbeerblätter
½ Teel. Fenchelsamen
1 Stück Orangenschale
1 Zweiglein Thymian
1 Zweiglein Bohnenkraut
2 kleine Pfefferschoten, rot, scharf und entkernt
Salz, Pfeffer

Das Olivenöl erhitzen. Zwiebeln in feine Streifen, den Lauch in feine Rädchen und die Tomaten in Viertel schneiden. Die Zwiebeln, die Tomaten und den Lauch im Öl leicht Farbe annehmen lassen. Knoblauch mit dem Messer zerdrücken. Mit Lorbeerblättern, Fenchel, Orangenschale, Thymian, Bohnenkraut und Pfefferschoten zufügen. Alles gut mischen, kurz weiterdünsten, dann mit Salz und Pfeffer bestreuen.

Alle Fische ausnehmen und gut waschen. Die Köpfe abschneiden und spalten (auf diese Art geben sie der Bouillon mehr Aroma ab). Die Fische parieren (Flossen wegschneiden) und je nach Größe in Scheiben oder Stücke teilen. Die vorbereitete Marinade erkalten lassen. Die Fische zufügen und alles gut mischen. 4 bis 5 Stunden ziehen lassen.

Die Kartoffeln schälen, waschen und vierteln. Fische aus der Marinade nehmen und mit den Kartoffeln in einen Topf geben. Kaltes Wasser auffüllen bis etwa 2 cm unterhalb der Fische. Bei großer Hitze aufkochen lassen und 6 bis 8 Minuten sprudelnd kochen, dann die Hitze reduzieren, Safran beifügen und 8 bis 10 Minuten weitergaren. Inzwischen die Rouille (Rezept s. S. 86) zubereiten und die Weißbrotscheiben toasten.

Die Fische mit dem Schaumlöffel sorgfältig aus der Suppe nehmen und auf eine vorgewärmte Platte anrichten. Die Suppe passieren und, wenn nötig, nachwürzen. Die Brotscheiben in Suppenteller legen und die heiße Fischbouillon daraufgießen. Die Rouille separat dazu servieren.

Die Fische werden gleichzeitig mit der Suppe gegessen. Die Sauce kann man in die Suppe geben oder nach Belieben als Beilage zu den Fischen essen.

Wichtig: Die Fischer und die guten Marseiller Köchinnen und Köche sagen, man dürfe den Fisch nicht im Wasser «ertränken». Deshalb kochen sie für die Bouillabaisse nur relativ wenig Suppe. Auch solle man die Fische (sieben verschiedene Sorten) mit den Gräten kochen und keine Krusten- oder Schalentiere beifügen. Höchstens eine Languste, die aber separat gekocht werden müsse.

Tips:

- Die Fische haben unterschiedliche Kochzeiten. Deshalb empfehle ich, das Wasser zuerst aufzukochen, um die Fische dann der Reihe nach beizufügen (zu diesem Zweck vorher aus der Marinade nehmen): zuerst die großen Fischstücke mit festem Fleisch, etwas später dann die kleineren, zarten Fische und die Fischscheiben.
- Im leistungsfähigen Delikatessengeschäft gibt es bereits assortierte Bouillabaissefische zu kaufen.

4 kleine Kartoffeln, nach Belieben
1 Prise Safranfäden
«Rouille» (Rezept s. S. 86)
6 bis 7 dünne Weißbrotscheiben

Bouillabaissevariationen

Bouillabaisse für bequeme Leute
Ängstliche Fischesser und solche, die Mehrarbeit scheuen, verwenden in Südfrankreich für ihre Bouillabaisse nur Seeteufel (Baudroie). Dieser Fisch besitzt eine kompakte Mittelgräte, die leicht entfernt werden kann. Das Verschlucken von Gräten wird auf diese Weise ausgeschlossen.
Bouillabaisse für Leute, die Angst vor Gräten haben
Die Fische filetieren und die Filets in die Marinade legen. Die Köpfe und die Gräten mit etwas Zwiebeln, Lauch und einem Lorbeerblatt zu einer Bouillon kochen. Die Fischfilets mit der Marinade nur sehr kurz darin ziehen lassen.
Tip: Die Brotscheiben mit Knoblauch einreiben.
Luxusbouillabaisse
In Spezialrestaurants — auch in Marseille — erwartet der Gast meist etwas mehr als eine einfache Fischsuppe. So werden der Bouillabaisse oft Langusten, Garnelen (Krevetten), Kaisergranate (Langoustines) und Miesmuscheln (Moules) beigefügt. Wie bereits im Rezept erwähnt, sollten diese Meeresfrüchte aber separat gekocht und erst auf der Platte beigefügt werden.
Raffinierte Bouillabaisse
Die Brotscheiben mit dem Mark von Seeigeln bestreichen. Das gibt der Suppe ein hervorragendes Aroma.
Tip: Die Seeigel mit Handschuhen anfassen und unter fließendem Wasser waschen. Mit einem spitzen Messer auf der abgeflachten Seite in der Nähe des Mundes eine kleine Öffnung anbringen. Die Seeigel mit der Öffnung

nach unten über eine Schüssel halten, damit die Eingeweide und die Eigenflüssigkeit hinauslaufen. Mit einem kleinen Löffel den roten, genießbaren Teil («Corail») herauslösen.

Schwarze Bouillabaisse

In gewissen Fischerdörfchen der Provence gibt man der Bouillabaisse sehr kleine Tintenfische mit ihrer Tinte zu. Die Suppe und auch die Fischscheiben werden dadurch etwas unansehnlich, die Suppe schmeckt aber besonders gut.

Varianten:

- Die Fischer fügen der Bouillabaisse einige Makrelen bei, was die Fischbouillon kräftiger macht.
- Im Languedoc (Gegend von Sète) wird die Bouillabaisse mit nur einer Fischsorte zubereitet.

Eine spanische, wirklich südlich anmutende Fischsuppe, die durch die Beigabe von Kartoffeln fast zu einem Eintopfgericht wird. Die Menge der zugefügten Fische kann beliebig erhöht werden.

Caldo de pescado

Spanische Fischsuppe

Kann vorbereitet werden
Arbeitsaufwand: 40 Minuten

Kabeljau, Seehecht (Colin), Seezunge (Sole), Flunder

Für 4 Personen

800 g Fischfilets von verschiedenen Meeresfischsorten wie Seeteufel (Baudroie), Meeraal, Meeräsche
1 geschälte Tomate
1 große Zwiebel
1 rote Paprikaschote
500 g Kartoffeln
2 Knoblauchzehen
2 Eßl. Olivenöl
1 l «Fischbouillon» *(s. S. 87)*
Salz, Pfeffer
1 Teel. gehackter Majoran
1 Prise Safran
100 g geschälte Garnelen (Krevetten)
½ Teel. scharfe Pfefferschotenpaste (in kleinen Gläschen erhältlich, z. B. Harissa)

Geschälte Tomate entkernen und in Stücke schneiden. Zwiebel und Paprikaschote in Streifen, Kartoffeln in Scheiben schneiden. Zwiebeln, durchgepreßten Knoblauch, Paprikastreifen und Tomatenstücke in Olivenöl 10 Minuten dünsten, bis alle Flüssigkeit eingekocht ist. Keine Farbe annehmen lassen. Kartoffelscheiben zugeben und mit Fischbouillon ablöschen. 30 Minuten kochen. Mit Salz, Pfeffer, Majoran und Safran würzen. Die Fischfilets und die Garnelen zugeben. 10 bis 15 Minuten in der Suppe ziehen lassen. Mit Pfefferschotenpaste nach Belieben pikant abschmecken.

Wichtig: Wenn keine roten Paprikaschoten erhältlich sind, kann man Pimientos morrones (spanische, in Salzlake eingelegte Paprikaschoten) verwenden. Diese brauchen nicht gedünstet zu werden. Am besten mischt man sie zuletzt unter die Tomaten und läßt sie 1 bis 2 Minuten anziehen.

Tip: Besonders attraktiv wird diese Fischsuppe, wenn man sie in rustikalen Suppentassen anrichtet. Obwohl es keine Bouillabaisse ist, schmecken dünne, geröstete Weißbrotscheiben gut dazu. Am besten stellt man sie separat auf den Tisch.

Eine aromatische Suppe, die bei uns auch aus den bekannten Vongole zubereitet wird. Hier ein Rezept, das ich auf meine Art gekocht habe:

Clam Chowder

Suppe mit Muscheln und Gemüse

Den Muschelsud nach Grundrezept zubereiten und gut absieben, damit kein Sand zurückbleibt. Wieder in den Topf geben und auf $7\frac{1}{2}$ dl einkochen lassen.

Den Schinkenspeck fein hacken. Mit Schalotten und Lauch in Butter anziehen lassen. Mit dem Muschelsud ablöschen und 15 Minuten bei kleiner Hitze ziehen lassen. Die Muscheln für die Suppeneinlage über dem Dampf (s. S. 89) erhitzen, bis sich die Schalen öffnen. Das Muschelfleisch herausnehmen.

Den Rahm zur Suppe geben. Die Crackers mit dem Nudelholz fein zerdrücken oder im Cutter mahlen. Zufügen und unter Rühren etwas aufkochen lassen. Von der Herdplatte wegziehen. Im letzten Moment die 16 Sandklaffmuscheln beigeben, mit Salz und Pfeffer abschmecken. Sofort servieren.

Wichtig: Die Muscheln dürfen nicht in der Suppe kochen, sonst werden sie hart. Man kann sie auch roh in die Suppe geben und höchstens eine Minute ziehen lassen.

Tip: Eine Muschelschale als Dekoration auf den Unterteller der Suppentasse legen.

Kann vorbereitet werden
Arbeitsaufwand: 20 Minuten
Kochzeit: 15 Minuten

Venusmuscheln (Praires), Teppichmuscheln (Palourdes)

Für 4 Personen

1 l «Muschelsud» (s S. 89) hergestellt aus rund 750 g Sandklaffmuscheln (Clams)
50 g Schinkenspeck
3 Schalotten, fein geschnitten
1 Eßl. Butter
Etwa 16 Sandklaffmuscheln als Einlage für die Suppe
$2\frac{1}{2}$ dl Rahm
50 g Crackers (gesalzene Biskuits)
Salz, Pfeffer aus der Mühle

Ein bretonisches Matrosengericht, das ich besonders gerne mag. Allerdings müssen Leute, die Angst vor Gräten haben, das Rezept leicht abändern.

Cotriade

Bretonische Matrosensuppe

Kann vorbereitet werden
Arbeitsaufwand: 20 Minuten
Kochzeit: 20 bis 25 Minuten

Rotbrasse, Kabeljau, Seehecht (Colin) und andere

Für 6 Personen

2 kg Fische, z. B. Goldbrasse (Dorade royale), Meeraal, Seeteufel (Baudroie), Makrelen, Knurrhahn
2 große Zwiebeln
3 dicke Lauchstangen (nur weißer Teil)
3 Eßl. Butter
6 Kartoffeln
5 Pfefferkörner
2 bis 3 Petersilienstiele
2 Lorbeerblätter
2 Zweiglein Thymian
Salz
12 dünne Weißbrotschnitten, getoastet

Sauce
2 Eßl. Schalotten, fein gehackt
2 dl milder Rotweinessig
Salz, Pfeffer

Zwiebeln und Lauch in sehr dünne Ringe schneiden. Die Butter in einem großen Topf erhitzen. Die Gemüse darin anziehen lassen. Die Kartoffeln schälen, waschen und in 2 bis 3 mm dicke Scheiben schneiden. Die Pfefferkörner mit dem Nudelholz leicht zerdrücken. Mit den anderen Gewürzen und Kräutern zufügen. $1\frac{1}{2}$ l Wasser zugießen und leicht salzen. Die Fische schuppen, ausnehmen und die Köpfe entfernen. 2 bis 3 Fischköpfe zur Suppe geben. 15 Minuten kochen.
Die größeren Fische mitsamt den Gräten in Stücke schneiden. Kleinere, z. B. Makrelen und Knurrhähne, ganz belassen. Nach der Kochzeit der Bouillon zufügen. 10 bis 15 Minuten bei schwacher Hitze ziehen lassen. Vor dem Anrichten die Fischköpfe entfernen.
Für die Sauce Schalotten und Essig mischen und mit Salz und Pfeffer abschmecken.
Suppenteller mit Brotscheiben belegen und die passierte, sehr heiße Bouillon daraufgießen. Die Fische auf eine Platte anordnen und die Sauce dazureichen.
Wichtig: Zuerst wird die Suppe gegessen, dann die Fische, die man mit der Sauce beträufelt.
Tip: Besonders gut wird die Sauce, wenn man Schalotten und Pfeffer bereits einige Stunden vorher zugibt. So nimmt die Sauce die Aromen dieser Zutaten besser auf.

Eine delikate Muschelsuppe, der je nach Belieben Brennesselblätter oder andere Kräuter zugegeben werden.

Crème de St-Jacques aux orties

Pilgermuschelsuppe «St-Jacques»

Die Schalotte mit dem Knoblauch in der Butter anziehen lassen. Die Brennesselblätter zufügen und mitdünsten. Mit dem Fischfond ablöschen. Etwa 10 Minuten köcheln lassen, dann im Mixer pürieren oder durch die Passiermaschine treiben.

Das Eigelb mit dem Rahm in einer Schüssel im Wasserbad schaumig schlagen. Die Suppe unter kräftigem Rühren mit dem Schneebesen nach und nach dazugießen und mit Salz und Pfeffer abschmecken. Die Muscheln quer in 4 mm dicke Scheiben schneiden und auf einem Siebaufsatz im Dampf zugedeckt eine Minute garen. Die Suppe in Tassen gießen und das Muschelfleisch hineingeben.

Wichtig: Nicht vergessen, beim Pflücken der Brennesseln Handschuhe anzuziehen! Den roten Teil der Muscheln («Corail») nicht pürieren, aber kleingeschnitten in die Suppe geben.

Tip: Anstelle von Fischfond kann man $4\frac{1}{2}$ dl Fleischbouillon, 1 dl Weißwein und 3 Eßlöffel trockenen Wermut verwenden. Die Suppe schmeckt dann allerdings etwas anders.

Varianten:

- Brennesseln durch gemischte Kräuter ersetzen.
- Dieses Süppchen mit Fischfleisch zubereiten und nur je eine Pilgermuschel je Portion als Garnitur verwenden.

Kann vorbereitet werden
Arbeitsaufwand: 30 Minuten
Kochzeit: 12 Minuten

Seeteufel (Baudroie)

Für 4 Personen

120 g Pilgermuscheln (Coquilles St-Jacques), kochfertig
1 Schalotte, fein gehackt
$\frac{1}{2}$ Knoblauchzehe, durchgepreßt
20 g Butter
60 g Brennesselblätter (möglichst die obersten, zarten Blätter)
6 dl Fischfond
1 Eigelb
1 dl Rahm
Salz, Pfeffer

Eine interessante Fischsuppe mit Provence-Charakter. Wer Pernod nicht liebt, kann ihn weglassen. Der verwendete Fenchel gibt bereits etwas Anisgeschmack ab. Der Knoblauch hingegen sollte auf keinen Fall fehlen.

Fischsuppe mit Muscheln

Kann weitgehend vorbereitet werden
Arbeitsaufwand: 25 Minuten
Kochzeit: 30 Minuten

Seehecht (Colin), Kabeljau, Sandklaffmuscheln (Vongole)

Für 4 Personen

300 g Seeteufel (Baudroie)
500 g Miesmuscheln (Moules)
500 g Fischgräten und -köpfe (von Seezunge)
2 Schalotten
1 Fenchelknolle mit Kraut
1 Selleriestange (rund 200 g)
1 große Tomate oder 2 Pelati
3 Eßl. Gourmet-Butter
1 Lorbeerblatt
Salz, Pfeffer
1 Eßl. Pernod
1 Stück Weißbrot (Baguette)
2 bis 3 rote Pfefferschoten, scharf (evtl. getrocknet)
4 Knoblauchzehen
100 g «Mayonnaise» (s. S. 85)

Die gewaschenen Fischgräten und -köpfe in 1 l Wasser 10 Minuten auskochen. Die Flüssigkeit durch ein Sieb gießen. Die Schalotten, den Sellerie und die Fenchelknolle quer in 3 mm dicke Scheiben schneiden und das Kraut der Fenchelknolle hacken. Die Tomaten schälen und kleinschneiden. Den Fisch in kleine Würfel schneiden. Die Muscheln unter

fließendem Wasser gut abbürsten, bis alle Unreinheiten entfernt sind. Den «Bart» herauszupfen. Die Schalotten in einem Eßlöffel Butter anziehen lassen. Sellerie- und Fenchelscheiben, Tomaten und Lorbeerblatt zufügen. 2 bis 3 Minuten weiterdünsten, dann mit dem Fischsud ablöschen. 15 Minuten zugedeckt kochen lassen. Mit Salz und Pfeffer abschmecken. Fischwürfel und Muscheln zur Suppe geben. Ungedeckt etwa 5 Minuten ziehen lassen. Pernod und feingehacktes Fenchelkraut zugeben.

In einem rustikalen Topf auf einem Rechaud servieren.

Das Brot in etwa 1 cm dicke Scheiben schneiden. Beidseitig in der restlichen Butter goldgelb rösten. Die Pfefferschoten längs öffnen, die Kerne entfernen. Die roten Teile kleinschneiden und zusammen mit einem bis zwei Eßlöffeln Fischsud und den geschälten Knoblauchzehen im Mixer pürieren. Durch ein feines Sieb streichen und mit der Mayonnaise vermischen. Wenn nötig, mit wenig Salz abschmecken. Die Brotscheiben dick mit der roten Sauce bestreichen und zur Suppe servieren.

Wichtig: Nicht mehr Pernod zufügen als angegeben, sonst herrscht dieser Geschmack vor.

Tip: Anstelle der roten Pfefferschoten kann man rote Pfefferpaste (Harissa) verwenden.

Ein delikates Süppchen aus Hummerschalen. Wenn Sie einmal einen Hummer kaufen, denken Sie daran, daß auch aus dem Panzer etwas Köstliches entstehen kann.

Klares Hummersüppchen

Kann vorbereitet werden
Arbeitsaufwand: 40 Minuten
Kochzeit: 90 Minuten

Langusten- oder Krebsschalen und eventuell Langusten- oder Krebsfleisch als Garnitur

Für 6 bis 8 Personen (Kleinportionen)

2 Hummerpanzer (etwa 500 g) mit Kopf und Beinen
1 ½ Eßl. Olivenöl
1 kleine Karotte
1 kleines Stück Sellerie
½ zarte Lauchstange

Das Olivenöl in einer Kasserolle erhitzen. Karotte, Sellerie, Lauch und Schalotten kleinschneiden und darin anziehen lassen. Zucker zufügen und gut wenden. Die Hummerpanzer in Stücke teilen, zufügen und bei großer Hitze 2 bis 3 Minuten mitbraten. Mit Whisky oder Cognac begießen. Die Korianderkapseln mit dem Nudelholz leicht zerdrücken. Die Tomate kleinschneiden. Beides zufügen. Gut wenden. Mit Fischfond auffüllen. Zugedeckt eine Stunde kochen (im Dampfkochtopf nur 20 Minuten). Die Suppe durch ein feines Sieb passieren und erkalten lassen.

Die Mischung für das Klären der Bouillon vorbereiten: Den Fisch in kleine Stücke schneiden. Das Gemüse und die Petersilie kleinschneiden. Alles in den Cutter (s. S. 95) geben und mittelfein hacken. Mit den Eiweiß mischen. Mindestens eine Stunde kalt stellen. Zur Suppe geben, gut umrühren und aufsetzen. Langsam zum Kochen bringen. 20 bis 30 Minuten bei kleiner Hitze kochen. Die Suppe nochmals passieren, wieder in den Topf geben und um ein Drittel einkochen lassen. Mit Salz und Pfeffer abschmecken.

Hummerfleisch oder kleine, separat in Fond gekochte Gemüsekügelchen in kleine Tassen verteilen. Die heiße Suppe darübergießen.

Wichtig: Meistens werden die Hummerschalen nach dem Anbraten mit Whisky oder Cognac flambiert. Ich tue es nicht, weil es geschmacklich nichts bringt. Im Gegenteil, durch verbrannte Schalen kann ein Horngeschmack entstehen, der meiner Ansicht nach das Aroma dieser Suppe verderben kann.

Die Mischung für das Klären der Bouillon muß sehr kalt sein!

Tip: Die Suppe kann praktisch fertig zubereitet werden. Man muß vor dem Essen nur noch die Garnitur bereitstellen und die Suppe erhitzen.

Varianten:

- Hat man kein Hummerfleisch, kann man etwas feingeschnittene schwarze Trüffel oder kleine Fischwürfel (Seeteufel) zur Suppe geben.
- (Fluß-)Krebs- oder Langustensuppe läßt sich auf dieselbe Art zubereiten.

2 Schalotten
1 Prise Zucker
2 Eßl. Whisky oder Cognac, nach Belieben
6 Korianderkapseln
1 geschälte Tomate
7 1/2 dl «Fischfond» (s. S. 88) oder entfettete Geflügelbouillon
Salz, weißer Pfeffer aus der Mühle

Zum Klären der Bouillon
100 g Seeteufel (Baudroie) oder anderer Meeresfisch
200 g Gemüse (Karotten, Lauch, Sellerie), fein gehackt
2 bis 3 Petersilienstiele
2 Eiweiß

Garnitur
150 g Hummerfleisch, klein gewürfelt, oder kleine Gemüsekugeln (Navets, Kohlrabi und Karotten)

Diese klassische Suppe soll im bekannten Restaurant «Maxim's» in Paris für einen amerikanischen Gast erfunden worden sein, der Miesmuscheln über alles liebte. Sein Vorname war Billy. Nach einer zweiten Version soll dieses Gericht als Abschiedsessen für einen anderen Billy in der Normandie kreiert worden sein. Diesem Billy wurde noch ein «Byebye» angehängt und die Suppe schließlich «Bilibi» getauft.
Hier meine eigene Variante:

Potage «Bilibi»

«Bilibi»-Suppe

Kann vorbereitet werden
Arbeitsaufwand: 40 Minuten
Kochzeit: 5 Minuten

Sandklaffmuscheln (Clams)

Für 4 Personen

1,5 kg Miesmuscheln (Moules)
5 dl «Fischbouillon» (s. S. 87)
1 große Zwiebel gehackt
1 Zweig Selleriekraut
1 Teel. Butter
2 1/2 dl Weißwein
3 1/2 dl Rahm
1 Eigelb, wenn nötig
Salz, Pfeffer
2 Eßl. Schnittlauch, frisch geschnitten

Die Miesmuscheln gut putzen (s. S. 94). Die Fischbouillon zubereiten.
Zwiebel und kleingeschnittenes Selleriekraut in Butter anziehen lassen. Muscheln, Weißwein und Fischbouillon zufügen. Zugedeckt kochen, bis sich die Muscheln öffnen. Den Kochsud der Muscheln durch ein Sieb gießen. Um ein Drittel einkochen lassen. Die Muscheln aus den Schalen nehmen. Rahm mit dem Eigelb verquirlen und zur reduzierten Fischbouillon geben, bis knapp vor den Siedepunkt bringen. Mit Salz und Pfeffer pikant abschmecken. Die Muscheln zufügen, langsam erwärmen. Nicht mehr kochen.
Die Suppe in vorgewärmte Suppentassen verteilen und mit Schnittlauch bestreuen.
Wichtig: Das Geheimnis dieser Suppe liegt in ihrer diskreten Würze. Fischsud und Rahm sollen einen unaufdringlichen Muschelgeschmack erhalten.
Variante: Diese Suppe läßt sich auch mit Muscheln aus der Dose zubereiten (Muschelsaft ebenfalls verwenden).

Mit Seeigeln wissen wir in unseren Breitengraden nicht umzugehen. Aber vielleicht treffen Sie doch einmal auf dieses interessante Meerestier. Dann versuchen Sie dieses Seeigelsüppchen.

Soupe aux oursins

Seeigelsüppchen

Kann weitgehend vorbereitet werden
Arbeitsaufwand: 40 Minuten
Kochzeit: 5 Minuten

Kamm-Muscheln (Vanneaux)

Für 4 Personen

24 Seeigel (etwa 1 1/2 bis 2 kg, je nach Größe)
2 Schalotten
20 g frische Butter
2 Eigelb
1 dl Rahm
5 dl «Fischbouillon» (s S. 87)
8 kleine Scheiben Weißbrot
2 Eßl. Olivenöl
4 Knoblauchzehen
1 Prise Safranfäden
Salz, Pfeffer

Die Seeigel mit Handschuhen anfassen und unter fließendem Wasser waschen. Mit einem spitzen Messer auf der abgeflachten Seite in der Nähe des Mundes eine kleine Öffnung anbringen. Die Seeigel mit der Öffnung nach unten über eine Schüssel halten, damit die Eingeweide und die Eigenflüssigkeit hinauslaufen. Mit einem kleinen Löffel den roten, genießbaren Teil («Corail») herauslösen. Die Hälfte der Corails mit geschälten und kleingeschnittenen Schalotten, der frischen Butter und den Eigelben in den Mixer geben und zu einem Püree verarbeiten. Rahm zugeben und kurz weiterrühren. Die Fischbouillon aufkochen. Die Brotscheiben im Olivenöl beidseitig kurz backen. Mit durchgepreßtem Knoblauch beträufeln.

Die vorbereitete Mischung mit etwas Fischbouillon gut verrühren. Zur Suppe geben und bei kleiner Hitze rühren. Nicht kochen! Die restlichen Corails zur Suppe geben. Mit Safran, Salz und Pfeffer würzen, eine Minute leise ziehen lassen. Die Suppe in vorgewärmte Bouillontassen verteilen. Die Croûtons dazu servieren.

Wichtig: Als mir vor vielen Jahren die Frau eines Fischers eine ganze Menge Seeigel schenkte, stand ich in der Küche etwas ratlos davor. Sie hatte mir wohl erklärt, wie man diese Meeresfrüchte öffnet. Es hörte sich alles so einfach an. Aber als ich die Stacheln entfernen wollte, zerbrachen sie oder spickten mir ins Gesicht. So zog ich kurzerhand Handschuhe an und öffnete die Kugeln, ohne die

Stacheln vorher zu entfernen. Mit der Zeit habe ich gemerkt, daß die Umgebung des Mundes auf der abgeflachten Seite am weichsten, also am geeignetsten ist, um aufgeschnitten zu werden. Darauf sollte man achten.

Tip: Hat man nur wenige Seeigel zur Verfügung, kann man zusätzlich kleine Fischstücke in die Suppe geben. Es sind vor allem die gemixten Corails, die der Suppe den Geschmack geben.

Varianten:

- Etwas Thymian oder Kerbel zufügen.
- 1 dl Fischbouillon durch Weißwein oder Champagner ersetzen.
- Kamm-Muscheln verwenden. Allerdings wird die Suppe geschmacklich etwas anders. Einen Corail mixen und das Muschelfleisch kleingeschnitten zur Suppe geben.

Ein richtiges Erfolgssüppchen — geschmacklich und von der Präsentation her! Unter der Teighaube bleibt die Suppe auch schön heiß.

Soupe de poisson «Marius»

Fischsuppe «Marius»

Kann bis zum Backen vorbereitet werden
Arbeitsaufwand: 35 Minuten
Kochzeit: 10 Minuten

Sandklaffmuscheln (Vongole), Dorsch

Für 6 Personen

500 g Miesmuscheln (Moules)
4 Pfefferkörner
300 g Fischgräten
Salz
1 große Zwiebel, gehackt
2 Eßl. Olivenöl
200 g Tintenfische (auch tiefgekühlt)
1 Lauchstange
500 g Seeteufel (Baudroie) am Stück
1 Teel. gemischte Kräuter («Herbes de Provence»)
2 bis 3 Fenchelsamen
1 Prise Safran
1 Lorbeerblatt
½ kleine rote Pfefferschote, scharf, oder 1 Messerspitze Harissa oder Sambal Oelek (Pfefferpaste)
2 Sardellenfilets
2 Knoblauchzehen
400 g Blätterteig
1 Eigelb

Die gutgesäuberten Muscheln (s. S. 94) mit 1,5 l Wasser, Pfefferkörnern, Fischgräten, Salz und der Hälfte der Zwiebeln aufkochen, bis sich die Schalen öffnen. Die Muscheln herausnehmen und die Schalen entfernen. Den Sud passieren und auffangen.
Das Öl in einer großen Kasserolle erhitzen, die gereinigten Tintenfische (s. S. 92) darin leicht anbraten (große zuerst in Ringe schneiden). Restliche Zwiebeln, kleingeschnittenen Lauch und in Stücke geschnittenen Seeteufel zufügen. 5 Minuten dünsten, mit dem Muschelbad ablöschen. Salz, Kräuter, Fenchelsamen, Safran und Lorbeerblatt hineingeben. Auf kleinem Feuer 2 bis 3 Minuten ziehen lassen. Pfefferschote längs öffnen, die Kerne entfernen und die Schale in kleine Stücke schneiden. Zusammen mit den Sardellen und dem Knoblauch ganz fein hacken. Mit den Muscheln in die Suppe geben und gut umrühren. Die Suppe nachwürzen und in 6 mittelgroße, feuerfeste Suppentassen verteilen. Etwas erkalten lassen. Den Blätterteig 2 mm dünn ausrollen. Rondellen (etwa 4 cm größer als der Durchmesser der Suppentassen) ausschneiden. Den äußeren Rand der Tassen mit Eigelb bestreichen, die Teigrondellen locker darüberlegen und am Rand gut andrücken. Im letzten Moment den Teig mit Eigelb bestreichen. Bei 220 °C 10 bis 15 Minuten überbakken.
Die mit Teig überbackene Suppe sieht sehr attraktiv und festlich aus. Sie muß sofort nach

dem Backen auf den Tisch kommen. Am besten setzt man das kleine Suppenschüsselchen auf einen mit Tortenpapier oder einem Spitzendeckchen belegten Unterteller.

Wichtig: Diese Fischsuppe kann im voraus zubereitet und einige Stunden im Kühlschrank aufbewahrt werden. Wichtig ist bei diesem Vorgehen, daß die Fische nicht verkochen, da sie beim Aufbacken noch etwas weicher werden. Durch das Weglassen des Teigdeckels wird die Fischsuppe zu einem Schlankheitsgericht.

Tip: Die Herbes de Provence sind eine Mischung aus Bohnenkraut, Rosmarin, Salbei und Thymian. Diese Mischung wird noch typischer durch die Beigabe von einigen Fenchelkörnern.

Eine ganz einfache Suppe aus Seeteufel, die man aber auch mit nördlichen Fischen zubereiten kann.

Sopa de rape

Seeteufelsuppe

Kann vorbereitet werden
Arbeitsaufwand: 30 Minuten
Kochzeit: 65 Minuten

Seehecht (Colin), Kabeljau, Rotbarsch, Lengfisch

Für 4 Personen

400 g Seeteufel (Baudroie), Schwanzstück
600 g Fischgräten und -köpfe (vorzugsweise Seeteufelköpfe)
2 1/2 Eßl. Olivenöl
1 große Zwiebel, gehackt
2 Knoblauchzehen
2 geschälte Tomaten
50 g geschälte Mandeln, gehackt
1 Briefchen Safran (eventuell Fäden)
4 kleine Scheiben Weißbrot (Baguette)
2 Eßl. Olivenöl, zum Ausbacken der Brotscheiben
Salz, Pfeffer

Das Fleisch des Seeteufels von der Mittelgräte wegschneiden und in Würfel schneiden. Die Gräten für die Suppe aufheben. 2 Eßlöffel Olivenöl in einem Topf erhitzen. Zwiebeln mit einer feingehackten Knoblauchzehe darin anziehen lassen. Tomaten kleinschneiden und beifügen. Kurz weiterdünsten. Fischgräten und -köpfe beigeben und mit 1 l Wasser auffüllen. Eine Stunde bei kleiner Hitze kochen. Inzwischen die Mandeln in einer trockenen Bratpfanne hellbraun rösten und erkalten lassen. Dann mit der kleingeschnittenen zweiten Knoblauchzehe, dem Safran und einem halben Eßlöffel Olivenöl im Mörser zu einer Paste zerstoßen. Die Brotscheiben beidseitig im Öl ausbacken.
Den Fischsud passieren, wieder erhitzen und mit Salz und Pfeffer abschmecken. Das Fischfleisch und die vorbereitete Safranpaste beifügen. Bei kleiner Hitze ziehen lassen, bis die Fischwürfel gar sind. Die Brotscheiben in vorgewärmte Suppenteller legen und mit der Suppe begießen. Darauf achten, daß alle ungefähr gleich viel Fischfleisch bekommen.
Wichtig: Mandeln, Knoblauch, Safran und Öl können auch im Mixer zu einer Paste verarbeitet werden. In diesem Fall etwa 1/2 dl Bouillon zugeben.

Wichtige Zutaten und Anweisungen

Anmerkung
In den Kapiteln «Fischsuppen (Süßwasser)» sowie «Fischsuppen (Salzwasser)» finden Sie das Signet mit einer Auswahl von Fischen, Schalen- und Krustentieren, die sich auch für das betreffende Rezept eignen. Da Fische nicht wie andere Nahrungsmittel jederzeit erhältlich sind, werden Sie oft genötigt sein, auf eine dieser ebenso empfehlenswerten Varianten auszuweichen.

Mayonnaise

Von Hand gerührt

Die Eigelbe in eine kleine Schüssel geben. Mit Senf verrühren. Dann tropfenweise Öl zugeben, dabei ständig mit dem Schneebesen rühren. Sobald die Sauce fest ist, unter Rühren langsam den Zitronensaft beifügen. Dann unter tüchtigem Rühren das restliche Öl gleichmäßig dazugießen, bis die Mayonnaise die gewünschte Konsistenz hat. Mit Salz und Pfeffer abschmecken.

Im Mixer zubereitet

Diese Mayonnaise kann mit einem Eigelb und einem ganzen Ei zubereitet werden. Zuerst die Eier mit oder ohne Senf im Mixer verquirlen, dann Öl und zuletzt Zitronensaft oder Essig zufügen.

Wichtig: Alle Zutaten müssen die gleiche Temperatur haben. Deshalb eine Stunde vorher in der Küche bereitstellen. Mayonnaise sollte nicht länger als 1 bis 2 Tage im Gemüseabteil des Kühlschranks aufbewahrt werden, bevor sie gebraucht wird.

Tips:

- Damit die Schüssel beim Rühren der Mayonnaise nicht rutscht, kann man ein feuchtes Tuch darunterlegen.
- Retten läßt sich eine mißlungene Mayonnaise im Mixer, durch Zugabe von 1 bis 2 Eßlöffeln heißem Wasser oder von einem zerdrückten gekochten Eigelb, das man gründlich unter die Sauce rührt.

Varianten, passend zu Fischgerichten:

Leichte Mayonnaise

Mayonnaise mit Quark, saurem Halbrahm, Joghurt oder steifgeschlagenem Rahm mischen.

Grüne Mayonnaise

Gehackte Kresse oder Spinat oder Kräuter darunterrühren. Eventuell Quark zugeben.

Arbeitsaufwand:
15 Minuten

2 Eigelb
½ Teel. scharfer Senf (Dijon), nach Belieben
3 bis 5 dl Öl
Saft von 1 kleinen Zitrone oder
1 bis 2 Teel. Weißweinessig
Salz, weißer Pfeffer

Mayonnaise à la provençale
Tomatenpüree, gehackte Sardellenfilets, Knoblauch, wenig Cayennepfeffer und Kräuter beifügen.
Mayonnaise mit Nüssen
1 bis 2 Eßlöffel geröstete gemahlene Haselnüsse darunterziehen.
Orangenmayonnaise
Saft von einer Orange (am besten Blutorange), abgeriebene Orangenschale und wenig Cayennepfeffer dazumischen.
Dillmayonnaise
Joghurt und Dillspitzen zufügen.
Sherrymayonnaise
Einen Eßlöffel trockenen Sherry zufügen.

Rouille

Kann vorbereitet werden
Arbeitsaufwand:
20 Minuten (von Hand)
5 Minuten (im Mixer)

Für 6 bis 7 Personen

2 kleine rote Pfefferschoten, scharf
1 Prise Salz
1 Prise Safran oder 4 bis 5 Safranfäden
4 Knoblauchzehen
1 kleine Kartoffel, frisch gekocht
1 Eigelb
1 dl Olivenöl, kalt gepreßt
2 bis 3 Eßl. Fischbouillon (von der «Bouillabaisse», s. S. 64)
Salz

Die Pfefferschoten längs halbieren, entkernen und in kleine Stücke schneiden. Mit Salz, Safran und den geschälten, kleingeschnittenen Knoblauchzehen im Mörser zu einer Paste zerreiben. Die noch warme Kartoffel kleinschneiden, zufügen und mit dem Stößel unter die Paste arbeiten. Eigelb zufügen und nach und nach, wie bei einer Mayonnaise, das Öl unter ständigem Rühren dazugießen. Wenn nötig, mit wenig warmem Sud (von der Bouillabaisse) verdünnen. Mit Salz abschmecken.
Wichtig: Die Rouille darf zu einer klassischen Bouillabaisse auf keinen Fall fehlen. Sie gibt dem Gericht die pikante Note und ist mehr als nur eine scharf gewürzte Mayonnaise.
Man kann diese Sauce auch im Mixer oder im Cutter (s. S. 95) zubereiten. Hat man keine roten Pfefferschoten, kann man etwas Harissa (rote, scharfe Pfefferpaste) verwenden. Die Rouille sollte immer frisch, eigentlich parallel zur Bouillabaisse, zubereitet werden. Sobald

sie einige Stunden aufbewahrt wird, nimmt sie wegen des Knoblauchs einen eigenartigen Geschmack an. Das merkt man in Restaurants, wo diese Sauce im voraus zubereitet wird.
Tip: Auch für die Rouille gibt es verschiedene Rezepte. Die einen ersetzen die Kartoffel durch eingeweichtes Brot, die anderen bereiten diese Sauce im Schnellverfahren zu und würzen eine Mayonnaise mit roter Pfefferpaste und durchgepreßtem Knoblauch.

Fischbouillon

Grundrezept für Fischsuppen

Arbeitsaufwand: 10 Minuten
Kochzeit: 15 Minuten

Für etwa 2,2 l

1 große Zwiebel oder 4 Schalotten
1 Lauchstange
1 kleines Stück Sellerie
1 Eßl. Butter
2 ½ dl Weißwein
1 ½ kg Fischgräten, -köpfe und -abfälle
1 bis 2 Petersilienstiele
1 Knoblauchzehe
½ Lorbeerblatt
1 Teel. weiße Pfefferkörner

Zwiebel, Lauch und Sellerie grob schneiden. In der Butter kurz anziehen lassen, mit dem Weißwein ablöschen und 2 l Wasser dazugießen. Fischgräten und -köpfe, Petersilie, Knoblauch und Lorbeerblatt beifügen. Aufkochen und halb zugedeckt 15 Minuten weiterkochen. Ab und zu abschäumen. Den Pfeffer mit dem Nudelholz oder im Mörser leicht zerdrücken. 5 Minuten vor Ende der Kochzeit zufügen. Die Fischbouillon erkalten lassen, absieben und bis zur Verwendung kühl stellen oder einfrieren.
Wichtig: Guten Weißwein verwenden! Nur ganz frische Gräten, Köpfe und Fischabfälle kochen. Keine Haut von fetten Meeresfischen oder großen Süßwasserfischen verwenden, sie könnte einen Trangeschmack abgeben. Am besten eignen sich die Fischabfälle der für die Suppeneinlage verwendeten Fische oder Seezungengräten.
Tip: Gräten, Köpfe und andere Fischabfälle vor der Verwendung gut kalt abspülen.

Fumet de poisson

Grundrezept

Arbeitsaufwand:
10 Minuten
Kochzeit: 30 Minuten

100 g geschnittene Zwiebeln oder Schalotten
2 Eßl. Butter
1 bis 2 Petersilienstiele
2½ dl Weißwein
1 Teel. weiße Pfefferkörner
1½ kg Fischgräten und -köpfe

Die Zwiebeln in der Butter anziehen lassen. Alle Zutaten, ausgenommen Fischgräten und -köpfe, zusammen mit 2 l Wasser aufkochen. 20 Minuten kochen. Die Fischgräten und -köpfe zugeben und 10 Minuten weiterkochen. Ab und zu abschäumen. Erkalten lassen, absieben und bis zur Verwendung kühl stellen oder (in kleinen Bechern oder Eiswürfelbehältern) einfrieren.

Tip: Gräten, Fischköpfe und andere Fischabfälle vor der Verwendung kalt abspülen.

Variante: Als Basis für Rotweinsaucen den Weißwein durch Rotwein ersetzen 100 g Champignons, 2 Lorbeerblätter und 5 Knoblauchzehen beifügen. Diesen Fischfond nennt man in der Fachsprache «Fond de poisson au vin rouge».

Glace de poisson

Der oben beschriebene «Fumet de poisson» läßt sich unter Rühren in einem großen Topf zur konzentrierten «Glace de poisson» einkochen. Dieser Extrakt ist im Kühlschrank 2 bis 3 Wochen haltbar und kann auch (in Eiswürfelbehältern oder Joghurtbechern) tiefgekühlt werden.

Wichtig: Die «Glace de poisson» leistet bei der Zubereitung von delikaten Fischsaucen unersetzliche Dienste, denn nicht immer hat man gerade einen «Fumet de poisson» zur Hand oder verfügt über Fischgräten und -köpfe, um einen Fond zuzubereiten.

Fischgelee

Zur Zubereitung von Fischen in Sülze.

Der oben beschriebene Fumet de poisson wird mit der doppelten Menge Steinbuttgräten und -häuten zubereitet, die Gelierstoffe abgeben. Danach wird er noch um die Hälfte eingekocht.

Um zu prüfen, ob der Sud genug eingekocht ist, gibt man ein wenig davon auf einen kleinen Teller. So sieht man die Festigkeit des Gelees. Ist der Fond noch zuwenig fest, kann man durch die Beigabe von wenig Gelatine nachhelfen. Leider hinterläßt die Gelatine, wenn sie nicht mehr frisch ist oder falsch behandelt wird, einen unangenehmen Leimgeschmack. Deshalb die Gelatine zuerst kalt einweichen, auspressen und in etwas warmem Fischsud auflösen, durch ein feines Sieb abgießen und unter den noch flüssigen Gelee mischen. Nicht mehr kochen!

Basis für gewisse raffinierte Saucen, die einen Muschelgeschmack aufweisen sollen

Muschelsud

2 kg Muscheln, wie Venusmuscheln (Praires), Sandklaffmuscheln (Clams oder Vongole), Teppichmuscheln (Palourdes), Herzmuscheln (Coques) und andere
100 g Schalotten
1 Zwiebel
2 Eßl. Butter oder Olivenöl (je nach Weiterverwendung)
2 bis 3 Petersilienstiele
1 Lorbeerblatt
1 Knoblauchzehe
½ l guter Weißwein
Wenig Salz, Pfeffer

Die Muscheln unter fließendem Wasser sehr gut abbürsten. Schalotten und Zwiebel hacken und in Butter anziehen lassen. Petersilie, Lorbeerblatt und durchgepreßten Knoblauch zufügen. Mit Weißwein ablöschen, kurz aufkochen, dann 2 l Wasser zugeben. Wenig salzen und pfeffern. 30 Minuten kochen, dann den Sud durch ein feines Sieb passieren, wieder in den Topf geben und auf die Hälfte oder noch konzentrierter einkochen. Die ausgekochten Muscheln sind nicht mehr verwendbar. Der Sud läßt sich auch tiefkühlen.
Wichtig: Ab und zu enthalten solche Muscheln etwas Sand. Deshalb muß die Flüssigkeit gut passiert werden. Ist noch Sand vorhanden, kann man die Flüssigkeit auch filtrieren, z. B. durch einen Kaffee-Papierfilter.

Frische Spargeln

Für 4 Personen

2 Bund Spargeln
Salz
2 Würfelzucker
10 g Butter

Die Spargeln sorgfältig schälen. Vom Köpfchen, das man in der Hand hält, gegen das Stangenende alles Holzige abziehen. Je nach Qualität der Spargeln das untere Ende um 3 bis 5 cm kürzen. Die Spargeln müssen großzügig geschält werden, damit man am Tisch möglichst alles essen kann. Durch das Entfernen der faserigen Teile verlieren die Spargeln an Bitterkeit und schmecken aromatischer. 2 l Wasser mit Salz, den gewaschenen Abschnitten und Schalen in einem hohen Topf aufkochen. Je 8 bis 10 Spargeln mit den Spitzen nach oben zusammenbinden oder in einen Spargeleinsatz mit Löchern stellen. Ins kochende Wasser geben. Würfelzucker und Butter zufügen und je nach Beschaffenheit der Spargeln 35 bis 50 Minuten kochen. Sie sollen nicht verkochen, dürfen aber auch nicht mehr hart sein. Die Spargeln aus dem Sud heben und auf einer speziellen Spargelplatte (mit Sieb) oder auf Servietten servieren, die das Spargelwasser auffangen. Die Spargeln sollen trocken auf den Teller kommen, damit die dazu servierte Sauce nicht verdünnt wird!

Wichtig:

- Weiße Spargeln müssen großzügig geschält werden, bis zu 40 Prozent fallen weg. Je Person rechnet man etwa 600 g.
- Grüne Spargeln brauchen meistens nicht oder nur am unteren Ende geschält zu werden. Die Kochzeit ist etwas kürzer als bei den weißen Spargeln. Je Person etwa 400 g.
- Kocht man die Spargeln nicht sofort, muß man sie nach dem Schälen in kaltes Zitronen- oder Essigwasser legen. Aber niemals Zitronensaft oder Essig ins Kochwasser geben! Das würde das zarte Spargelaroma beeinträchtigen.

- Beim Kochen im Spargeleinsatz stehen die Spargeln aufrecht. Man kann deshalb die Spitzen aus dem Wasser herausragen lassen. So werden sie schonend im Dampf gar.
- Beim Einkauf darauf achten, daß die Spargeln fest und knackig sind. Am besten prüft man das Schnittende. Ist es verfärbt und vertrocknet, sind die Spargeln bereits zu lange gestochen. Tritt beim Zusammendrücken Saft aus, sind sie noch frisch. Der Spargelkopf darf nicht aufgeblüht sein.
- Es ist hierzulande erlaubt, die Spargeln von Hand zu essen (Fingerbowle nicht vergessen!).

Fond für Suppen und Saucen aus Schalentieren

Für etwa 5 dl

400 g Hummer-, Langusten- oder Krebsschalen
3 Eßl. eingesottene Butter oder Olivenöl
300 g verschiedene Gemüse (Karotten, Sellerie, Zwiebeln, Lauch, eventuell Fenchel), in sehr kleine Würfel geschnitten
2 Eßl. Cognac
3 Eßl. Weißwein
5 dl «Fischfond» (s. S. 88)
1 Lorbeerblatt
1 Zweiglein Thymian
1 Teel. Pfefferkörner
2 Gewürznelken
1 kleines Stück rote Pfefferschote, scharf
1 Prise Fenchelsamen, nach Belieben

Die Schalen in kleine Stücke brechen. Die Butter erhitzen. Die Schalen zufügen und unter ständigem Rühren mit einem Holzlöffel leicht anrösten. Sobald die Schalen rot werden, die Gemüse zugeben und 1 bis 2 Minuten mitrösten. Mit Cognac begießen und das Ganze flambieren. Wein zugießen. Fischfond, Lorbeerblatt, Thymian, Pfefferkörner, Nelken, Pfefferschote und eventuell Fenchelsamen beifügen. Zugedeckt bei kleiner Hitze 30 Minuten kochen. Durch ein Tuch oder ein feines Sieb gießen. Je nach Verwendung weiterverarbeiten.

Wichtig: Meistens werden bereits gekochte Schalen für einen Fond weiterverwendet. In diesem Fall kann man wenig Tomatenpüree mit den Gemüsen mitdünsten, damit die Farbe intensiver wird.

Tip: Dieser Fond läßt sich in Joghurtbechern tiefkühlen. Dazu kann man ihn etwas mehr einkochen.

So säubert man Tintenfische

Wichtig: Bei kleinen Tintenfischen (Pulpitos oder Moscardinos) kann man den kleinen runden Sack einfach umstülpen, um ihn zu säubern. Für diese Arbeit mit Zitronensaft gesäuertes Wasser bereitstellen und die Hände darin ab und zu eintauchen.

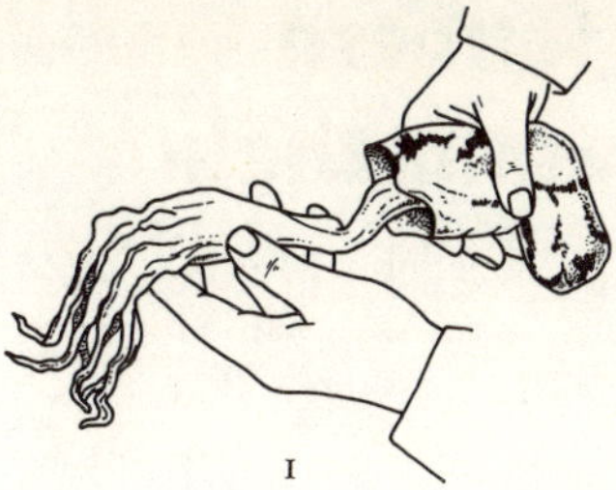

1

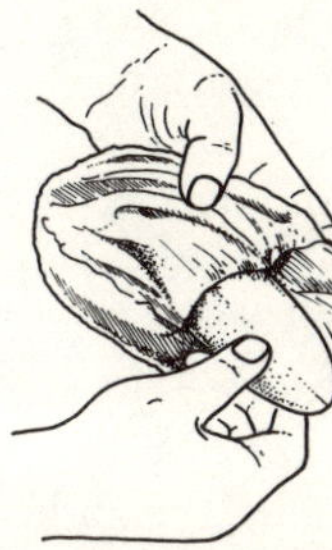

2

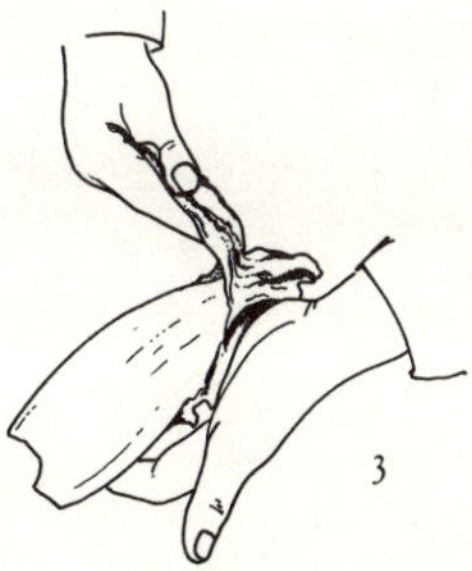

3

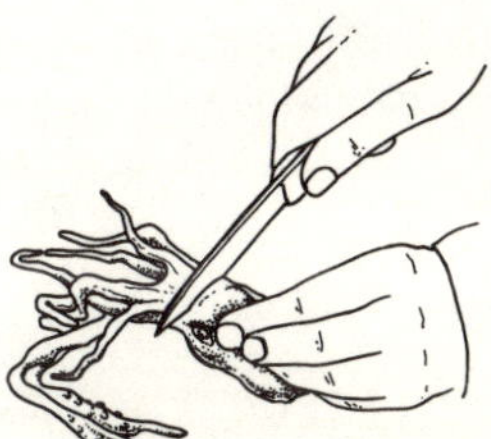

4

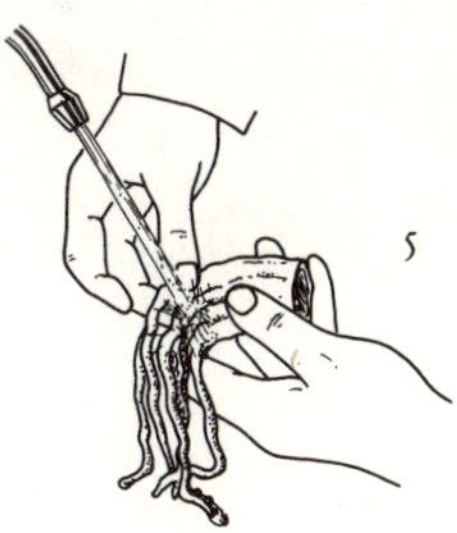

5

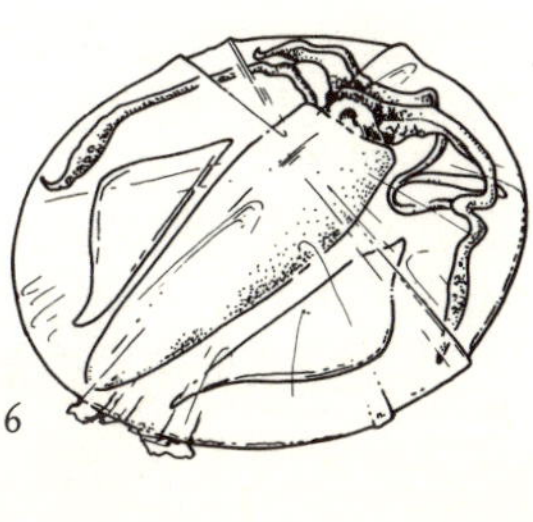

6

1
Den Kopf mit der linken Hand fassen und langsam aus dem Sack ziehen. Die Eingeweide kommen meistens mit. Der Tintenbeutel befindet sich zwischen den Eingeweiden. Will man den Tintenfisch in seiner Tinte zubereiten, schneidet man am besten den Körper längs auf, um den Tintenbeutel nicht zu verletzen

2
Mit den Fingern in den Körper langen und alles, was noch darin verblieben ist, herausholen (auch das Fischbein)

3
Die Oberfläche des Körpers von der Membrane befreien

4
Die Augen und alle harten Teile vom Kopf wegschneiden

5
Körper, Kopfreste und Fangarme unter fließendem Wasser gut waschen (auch die Membran)

6
Die eßbaren Teile auf Küchenpapier trocknen, auf einen Teller legen und mit einer Klarsichtfolie abdecken. Gesäuberte Tintenfische sind 2 bis 3 Tage im Kühlschrank haltbar.

Das Säubern der Miesmuscheln

Tip: Roh geöffnet werden Miesmuscheln (Moules) nur, wenn man sie, wie beispielsweise in Frankreich, auf einem «Plateau de fruits de mer» serviert. In diesem Fall mit einem spitzen Messer eine Öffnung suchen und mit Fingerdruck die Muschelschalen auseinanderziehen. Dabei achtgeben, daß das Muschelfleisch mit der Messerspitze nicht verletzt wird.
Andere Muscheln, wie Sandklaff- oder Teppichmuscheln (Clams, Vongole), Samtmuscheln (Amandes de mer) und weitere, werden auf dieselbe Art geöffnet.

1
Die Muscheln zuerst sortieren: Offene Muscheln, die sich bei Fingerdruck nicht schließen, und zerbrochene Muscheln wegwerfen

2
Den Bart (Byssus), das kleine, mit Fasern behangene Büschel, das aus der Muschel ragt, mit einem Ruck herausziehen und abreißen

3
Die Muscheln unter fließendem Wasser mit Hilfe einer kleinen, kräftigen Bürste putzen. Unebenheiten, die nicht entfernt werden können, mit einem kleinen Messer wegkratzen. Die Muscheln in viel kaltes Wasser geben, gut schwenken und abtropfen

4
Muscheln, die man ohne Schalen servieren will, nach dem Kochen noch einmal säubern, indem man die dunkle Randpartie, die dem Muschelfleisch anhaftet, wegzieht

1

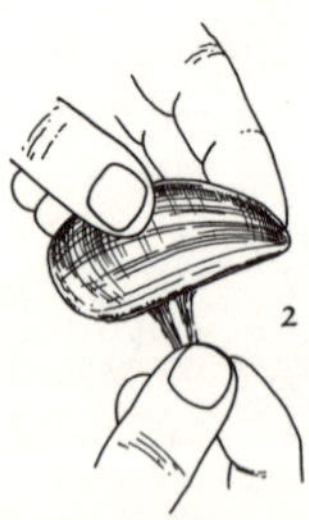

2

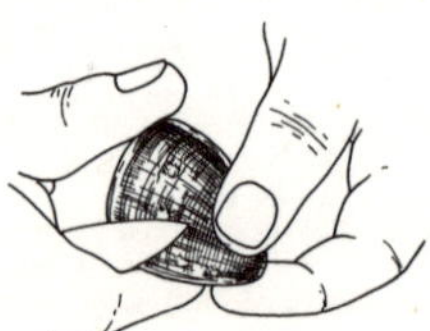

3

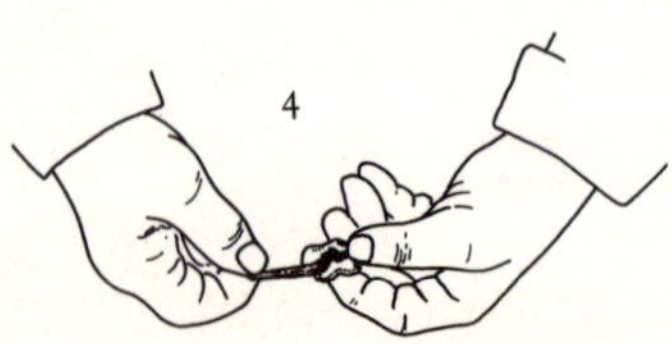

4

Kochen à la vapeur

(Im Dampf garen)

Für diese Kochmethode benötigt man einen Kochtopf mit Siebaufsatz und gutschließendem Deckel.
Im Topf etwa 2 bis 3 dl Sud vorbereiten. Den Boden des Siebaufsatzes mit sehr wenig Butter bestreichen, die Fischfilets, ganze Fische oder Fischstücke darauflegen. Unmittelbar vor dem Servieren auf den Topf stellen, zudecken und je nach Größe der Fische 1 bis 4 Minuten zugedeckt garen. Der Sud unter dem Siebaufsatz reduziert sich gleichzeitig und kann als ideale Grundlage für eine Sauce verwendet werden.
Dieses Vorgehen ist vor allem für Kleinportionen und für besonders delikate Fische zu empfehlen. Die Fische werden nicht ausgelaugt und bleiben saftig und fest.
Man kann auch Algen in den Siebaufsatz legen, die Fische daraufgeben und so im Dampf garen.

Der Cutter

Dieses Gerät ist heute unentbehrlich für die Zubereitung von Füllungen, Fischmousse und ähnlichem. Im Gegensatz zum Mixer hat der Cutter ein scharfes Messer, das die Fasern des Fischfleisches fein zerschneiden kann. Das Gerät gibt es in verschiedenen Größen zu kaufen; für den Haushalt am praktischsten ist ein mittelgroßes Modell.